REVOLUCIÓN DE LA MARCHA OLÍMPICA

POR

JEFF SALVAGE

TIM SEAMAN

Traducido al Español por Natalia Alfonzo

Este libro está dedicado a la memoria de Dr. Tom Eastler, quién con su generosidad y alma bondadosa contribuyó tanto a la marcha olímpica en el estado. Doc Rock, te extrañaremos.

Primera Edición
ISBN: 978-1-7335757-2-0
Derechos de Autor 2019, Salvage Writes Media
Este libro fué escrito en conjunto con la *Fundación de la Marcha Olímpica de Estados Unidos*.
Medford, New Jersey

Tabla de Contenido

Prefacio	3
Capítulo Uno - Introducción	5
Capítulo Dos - Definición de la Marcha	7
Capítulo Tres - Creando un Marchista	11
Capítulo Cuatro - La Marcha en Detalle	17
Capítulo Cinco - Corrigiendo la Flexión de Rodilla	35
Capítulo Seis - Pérdida de Contacto	67
Capítulo Siete - Reduciendo el Doble Soporte Excesivo	83
Capítulo Ocho - Corrigiendo la Rotación de la Cadera	89
Capítulo Nueve – Corrigiendo la Caída Excesiva de la Cadera	97
Capítulo Diez – Corrigiendo Problemas de Postura	107
Capítulo Once – Corrigiendo el Impulso Alto de Rodilla	125
Capítulo Doce – Corrigiendo el Exceso de Zancada	129
Capítulo Trece – Corrigiendo la Postura de Amplia Rango	133
Capítulo Catorce - Corrigiendo el Cruce de Pies y Rodillas	137
Capítulo Quince - Corrigiendo la Oscilación Inadecuada del Pie	141
Capítulo Dieciséis - Corrigiendo las Palmadas de los Pies	143
Capítulo Diecisiete - Corrigiendo Brazos	145
Capítulo Dieciocho - Corrigiendo las Manos	151
Capítulo Diecinueve – Corrigiendo los Hombros	153
Capítulo Veinte - Entrenamiento de Fuerza	159
Capítulo Veintiuno – Jueces	187
Capítulo Veintidós - Selección de Zapatos	193
Epílogo	200

Agradecimientos

La Revolución de la Marcha Olímpica no solo contiene el conocimiento combinado de Tim Seaman, Rachel Seaman y Jeff Salvage, sino el conocimiento combinado de todos aquellos quienes influyeron y construyeron nuestra base en la marcha olímpica. Algunas de nuestras mayores influencias fueron Ken Hendler, Gary Westerfied, Troy Engle, Frank Alongi, Jake Jacobson, Tom Eastler, Mario Fiore, Jim DiSalvo, Frank Manhardt, Bohdan Bulakowski, Enrique Peña, Mike DeWitt, Stephan Platzer, Allen James, Kevin Eastler, A.C. Jaime, Diane Graham-Henry, Paul Mascali, Ray Kuhles, Curt Clausen, Andrew Hermann y, por supuesto, Jefferson Pérez. Gracias a Luke DePron y Michael Roth por su ayuda con el capítulo de entrenamiento de fuerza, a Diane Graham-Henry por las muchas ediciones, así como al equipo de padres e hijos Carl y MJ Meyer por su ayuda con el diseño de portada.

Un agradecimiento especial a mi esposa Jennifer, quién además de proporcionar valiosas mejoras a la edición, me apoya y acompaña mientras realizo mi trabajo y proyectos en la computadora.

Prefacio

¿Por qué la tendencia de hoy en el mundo es la caminata?

Por el alto beneficio sin impacto que permite generar una actividad física, con multiples beneficios y que puede ser practicado por deportistas de todas las edades.

Si bien la marcha es un deporte olímpico en el cual el deportista exige a su cuerpo el máximo esfuerzo, también es un deporte inclusivo al no disponer de otras ayudas mecánicas más que su propio cuerpo para desplazarse de un punto a otro, lo que permite que muchos países puedan tener deportistas de esta especialidad sin importar la situación económica y política de sus países.

La *Revolución de la Marcha Olímpica* nos llevará por un viaje emocionante donde expertos nos guiarán de una manera profesional en el cómo practicar este deporte adecuadamente. Sus importantes consejos propios de su experiencia y estudio por décadas, nos permitirán alcanzar una visión completa desde la teoría a la práctica.

MARCHISTAS EN ACCIÓN

JUEGOS OLÍMPICOS 2004, ATENAS, GRECIA, 20KM

Que disfruten de este viaje en el mundo de la marcha de la mano de expertos y apasionados en un deporte que te ayudará a ser mejor ciudadano, deportista, y profesional.

Felicitaciones a los autores de tan maravillosa obra por su compromiso con el desarrollo de la marcha en el mundo entero.

Sinceramente,

Jefferson Pérez – Ecuador
Tri-Campeón Mundial
Medallista de Oro y Plata Olímpico
Actual Poseedor del Récord Mundial

MARCHISTAS EN ACCIÓN

JUEGOS OLÍMPICOS 2004, ATENAS, GRECIA, 50KM

Como ex marchista de alto rendimiento y actualmente entrenador de atletismo, estoy diariamente involucrado con el ejercicio físico para amateurs diariamente. He encontrado la *Revolución de la Marcha Olímpica* una auténtica herramienta para mejorar la práctica de la marcha.

Entrenadores de marcha, especialistas en entrenamiento físico, fisioterapeutas, periodistas relacionados con la salud y el deporte, aficionados a la marcha o simplemente personas que buscan equilibrio en su vida – todos necesitábamos semejante epítome revolucionario de la actividad física humana más ejercitada.

Desde que me retiré de las competencias profesionales en el 2004, observo año tras año un interés cada vez mayor por comprender mejor la marcha olímpica. Algunas personas dejan de correr debido a problemas de salud causados por lesiones típicas de corredores, otras comienzan a caminar porque tienen un sobrepeso significativo, otras porque se encuentran en la etapa de recuperación del embarazo u otra recomendación médica. Todos ellos necesitan una buena instrucción para la práctica individual de la caminata. Sus entrenadores y/o terapeutas también necesitan el mejor manual de caminata para mejorar sus terapias.

Espero que este libro contribuya increíblemente al desarrollo mundial de la marcha olímpica y a una mejor comprensión del público. Felicitaciones a los autores Jeff Salvage y Tim Seaman por su excelente trabajo y espero la edición internacional, incluida la polaca.

Sinceramente,

Robert Korzeniowski – Polonia
4 veces Medallista de Oro Olímpico
3 veces Campeón Mundial

MARCHISTAS EN ACCIÓN

IAAF CAMPEONATO DEL MUNDO 2017, 20KM

Los marchistas de élite recorren la pista con fluidez y gracia incomparable. Si bien alcanzan velocidades por las que muchos corredores sentirían envidia, y lo hacen con una incidencia de lesiones significativamente menor (86% menos que al correr). La marcha ha existido de una forma u otra durante cientos de años y ha sido un evento olímpico desde 1904. Sorprendentemente, en un momento de la historia, los marchistas profesionales ganaban más dinero que los jugadores de béisbol profesional.

Hoy en día, existen competencias de marcha desde un evento de 1500 metros, hasta distancias más largas como 5 km, 10 km, 20 km, y la competencia más larga de los Juegos Olímpicos, 50 km.

La marcha también es ideal para niños y jóvenes. Los saca del sofá, los activa y les da una imagen hacerlo positiva de sí mismos. Pueden hacerla por diversión o competición con un amplio conjunto de eventos disponibles. A medida que van creciendo, sus oportunidades se expanden. Algunos estados como Nueva York y Maine tienen la marcha como parte del programa de atletismo de la escuela secundaria. Igualmente, las universidades de la NAIA ofrecen becas con muchas oportunidades para competir. Si no hay programas escolares cerca de usted, existen innumerables clubes de marcha que brindan camaradería y consejos.

Si bien la marcha puede iniciarse a temprana edad, no se limita solo a los jóvenes. Muchos atletas másters compiten en su categoría en eventos nacionales e internacionales. A diferencia de los deportes sin carga, como la natación, la naturaleza de bajo impacto de la marcha ayuda a prevenir osteoporosis al fortalecer los huesos sin el alto riesgo de lesiones de ejercicios más agresivos.

Para mi padre, el ejercicio y los deportes, eran para ser admirados y no para participar en ellos. A medida que envejecía, su falta de actividad de por vida limitaba gravemente su calidad de vida. Cuando piensas en alguien adulto, ¿qué te viene a la mente? Alguien que es frágil y tiene carencia en su rango de movimiento al andar. Los marchistas son la antítesis de esto. Manejan sus piernas, brazos y caderas, con un rango completo de movimientos que no se ven en la mayoría de los deportes. Avanzan con una combinación de locomoción que utiliza todos los músculos del cuerpo.

Entonces, ¿está listo para unirse a la Revolución de la Marcha Olímpica? Si es así, siga con nosotros, pero asegúrese de consultar a un médico antes de comenzar cualquier programa de ejercicios.

Definición de la Marcha Olímpica

En la escuela, me introdujeron al deporte de la marcha olímpica después de que una serie de lesiones descarrilaran mis esfuerzos por correr en la escuela secundaria. Me enamoré de la euforia y los desafíos que ofrece la marcha olímpica. La emoción de trabajar mis brazos con intensidad, mover mis caderas rítmicamente y la rápidez de mis piernas hizo que mi corazón funcionara tanto literal como figurativamente. Mis lesiones se redujeron mucho, y sobresalí competitivamente de una manera que nunca imaginé. Ahora, en la mediana edad, mis ansias de competir han mermado, pero regularmente uso la marcha olímpica para mantenerme en forma y saludable.

Tim también comenzó en la marcha en la escuela secundaria para ayudar a su equipo de atletismo a ganar puntos. Siempre con el espíritu de equipo, Tim hizo lo que su entrenador le pidió. Dos años más tarde, recibió una beca deportiva para la Universidad de Wisconsin - Parkside y ganó su primer Campeonato Nacional Juvenil en 10,000 metros marcha. Luego pasó a tener sus años más exitosos en su carrera deportiva que incluyó plazas en dos equipos olímpicos y 47 títulos nacionales. Desde entonces, se ha retirado de la marcha competitiva, pero es un entrenador bastante activo de atletas, incluyendo 7, que han competido en Juegos Olímpicos.

Rachel Seaman también tuvo un comienzo a temprana edad. A los 16 años, fue sorprendida burlándose de su hermana mayor que estaba marchando para el equipo nacional juvenil de Canadá, y la desafiaron a que lo intentara ella misma. Desde entonces ha calificado para el equipo olímpico Canadiense y está actualmente entrenando para sus segundos juegos olímpicos.

Entre nosotros tres, el libro de la Revolución de la Marcha Olímpica resume una combinación de más de 80 años de experiencia en la marcha atlética. Juntos, hemos desarrollado un enfoque insuperable para el aprendizaje de la marcha independientemente si eres un jóven aprendíz con intención de participar, un atleta máster que busca competir en su categoría de edad, un atleta con aspiraciones olímpicas, o un caminante recreativo de cualquier edad que quiera ampliar su entrenamiento de caminata de una manera segura y eficiente.

La comprensión de la marcha olímpica comienza con el entendimiento de la definición dada por la Federación de Atletismo de los Estados Unidos:

- La marcha es una progresión de pasos ejecutados de manera tal que el atleta siempre debe estar en contacto con el suelo y evitar que se produzca la pérdida de contacto visible (para el ojo humano).
- La pierna que avanza debe estar estirada (es decir, sin flexionar la rodilla) desde el primer contacto con el suelo hasta la posición vertical.

Así sea que desee competir o simplemente caminar para estar en forma, debe seguir la definición oficial de la marcha, ya que es la mejor forma de caminar atléticamente. Seguir esta definición conlleva a un paso suave y eficiente, con una menor incidencia de lesiones y mucho tiempo ahorrado mientras se ejercita.

Si bien la definición de marcha puede parecer sencilla, está abierta a muchas interpretaciones. Comencemos estudiando la primera parte de la definición. En concepto, es simple. Si tiene un pie en el suelo en todo momento, es legal. Los principiantes en la marcha generalmente siempre tienen un pie en el suelo. Algunos caminantes, especialmente aquellos que son menos aptos o tienen sobrepeso, usualmente, tendrán una prolongada permanencia de ambos pies simultáneamente en el suelo (Figura 2-1). Esto hace que sea fácil para un juez observar que no hay pérdida de contacto. Observe como el pie trasero aún no llega a estar sobre la punta del dedo gordo. Si bien esto no viola la definición de la marcha, es menos eficiente y puede aumentar

su probabilidad de lesiones. A diferencia de la foto de la derecha que tiene una fase de doble soporte momentáneo (Figura 2-2). Esto se considera una forma "clásica" de marchar.

Si bien la definición permite una ligera fase de vuelo, hay muchas interpretaciones en cuanto a qué tan separado del suelo puede estar un marchista sin tener pérdida de contacto visible para el

ojo humano.

Observe estas dos imágenes lado a lado, una de la Olímpica Miranda Melville capturada durante sus entrenamientos y otra de una competencia internacional. Cada uno tiene una fase de vuelo.

El marchista de la foto de la izquierda (Figura 2-3) apenas se levanta del suelo y consideramos que está marchando con una forma perfectamente legal.

El marchista del medio (Figura 2-4) tiene una fase de vuelo ligeramente mayor, pero no lo suficiente como para ser discernida por el ojo humano.

En nuestra opinión, el marchista de la derecha (Figura 2-5) está flagrantemente fuera del suelo, lo suficiente como para ser visible al ojo humano. Por lo tanto, está violando la definición de la marcha y, de hecho, fué descalificado de la competencia.

La segunda parte de la definición requiere que la pierna esté completamente extendida desde el momento en que el pie hace contacto con el suelo (Figura 2-6) hasta que esté en posición vertical (Figura 2-7). La idea es simple, sin embargo, en la práctica, requiere cierto grado de destreza, fuerza muscular y flexibilidad.

Mientras que las reglas solo establecen que debe enderezar la pierna hasta que esté vertical, hay ventajas en mantener una pierna estirada por más tiempo (Figura 2-8).

Sorprendentemente, si quiere marchar legal, eso es todo lo que tiene que hacer.

Sin embargo, hay muchos aspectos sutiles del progreso de un marchista que vale la pena aprender para maximizar eficiencia y velocidad. Por lo tanto, continuaremos con la disección de todos los aspectos de la técnica de marcha.

Creando un Marchista

Cuando instruimos durante nuestras clínicas, nos gusta comenzar la sesión de enseñanza de la marcha con **Creando un Marchista**. Primero, demostramos lo que es una buena técnica y comenzamos explicando desde la parte superior del cuerpo hacia abajo. La cabeza de un marchista debe mirar hacia adelante (Figura 3-1), no hacia abajo o inclinada hacia un lado. Los hombros deben estar relajados, los brazos deben mantenerse a aproximadamente 90 grados con las manos moviéndose justo detrás de la cadera hasta el centro del esternón (Figura 3-2). Mientras los brazos se balancean hacia adelante y hacia atrás, es importante que el ángulo de los brazos permanezca constante y no se abra al columpiarse hacia atrás, ni se cierre al columpiarse hacia adelante.

FIGURA 3-1

FIGURA 3-2

La mayoría de los novatos no tienen problemas para mantener un pie en el suelo en todo momento, pero sí les cuesta mover las piernas correctamente y dominar el estiramiento de la rodilla. Por lo tanto, dados estos desafíos y que la definición de la marcha solo estipula condiciones en las piernas y los pies, *Creando un Marchista* se enfoca en la parte inferior del cuerpo en tres fases.

EJERCICIO PLANTA DEL PIE

El primer 10% de la zancada es lo más importante. Es lo que ayuda a diferenciar a un marchista de un caminante o de alguien que camine por salud. Este ejercicio le ayudará a caer con el talón y con el dedo gordo apuntando hacia arriba, un movimiento propio de la técnica. Lo llamamos ejercicio de técnica de la **Planta del Pie** y usted debe dominarlo antes de avanzar.

PASOS

1. Comience de pie con su peso sobre sus talones (Figura 3-3).
2. Lleve una pierna hacia adelante (Figura 3-4), desde la rodilla hasta que se extienda completamente.
3. A medida que aterriza con el pie ligeramente delante del cuerpo, mantenga los dedos de los pies hacia arriba y la rodilla estirada (Figura 3-5).
4. Transfiera todo su peso a esa pierna (Figura 3-6).
5. Permaneciendo en el mismo lugar sin avanzar, lleve la pierna hacia adelante y devuélvala hacia atrás, pronunciando la caída de talón.
6. Tenga en cuenta que la rodilla se dobla cuando se lleva hacia atrás.
7. Repita este ejercicio en ambas piernas.

FIGURA 3-3   FIGURA 3-4   FIGURA 3-5   FIGURA 3-6

EJERCICIO IMPULSO

Continuamos ahora con el último 10% de la zancada conocida como el impulso. Este es un ejercicio de caminata lenta.

PASOS

1. Comience colocando un pie adelante, con la rodilla estirada y talón en el suelo. Mantenga también la pierna de apoyo estirada (Figura 3-7).
2. Trate de impulsarse hacia delante con la pierna de enfrente, levantando el talón del suelo y utilizando la punta del pie trasero para impulsar el cuerpo hacia adelante.
3. Vuelva a la posición inicial llevando su pie trasero hacia adelante, con la planta del pie sobre el suelo. Y vuelva a realizar el ejercicio, empujando hacia adelante.
4. Repita este ejercicio con ambas piernas.

FIGURA 3-7   FIGURA 3-8

EJERCICIO
BALANCEO DEL PIÉ

Lo que queda por practicar es lo que sucede en el medio.

PASOS

1. Una vez que el pie trasero empuja (Figura 3-9), la pierna contraria se debe mover rápidamente hacia la posición de ataque.
2. Practique balancear la pierna hacia adelante rápidamente (Figura 3-10), extendiendo la rodilla completamente, lo más rápido posible (Figura 3-11).
3. Cuando mueva la pierna hacia adelante, concéntrese en mantener el pie lo más cercano al suelo.
4. Repita este ejercicio con ambas piernas.

EJERCICIO BRAZOS

Ya que hemos practicado la técnica de la parte inferior del cuerpo, hagamos una rápida lección del braceo apropiado para la marcha.

PASOS

1. Colóquese de pié y balancee los brazos con las manos moviéndose desde el esternón hacia detrás de las caderas (Figura 3-12).
2. Cuando lo haga, concéntrese en mantener el ángulo entre la parte superior e inferior del brazo a aproximadamente 90 grados (Figura 3-13).
3. También concéntrese en relajar los hombros.

Después de estos básicos y estacionarios tutoriales, usted está listo para ponerlos en práctica y empezar a marchar.

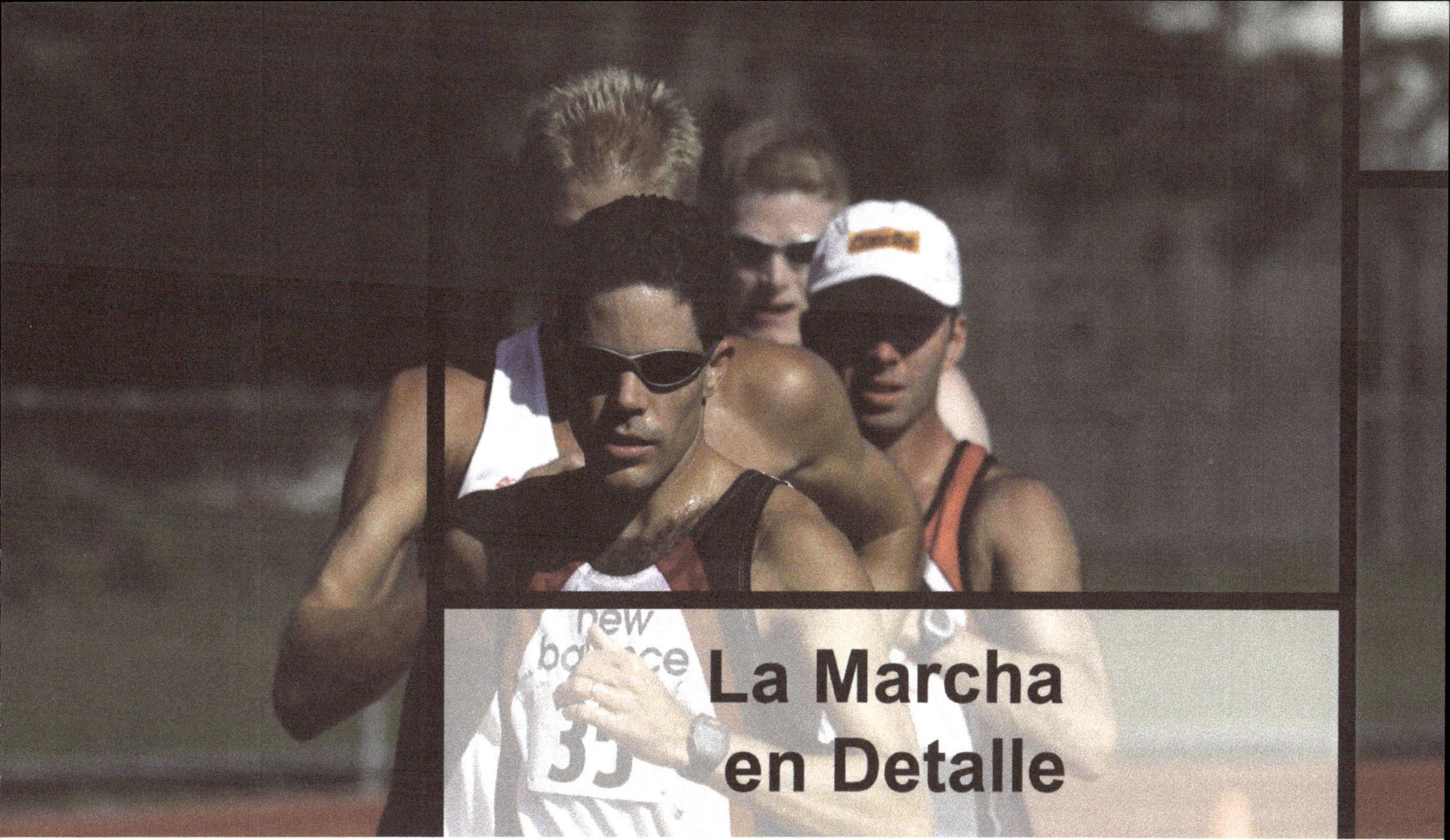

La Marcha en Detalle

Veámos la marcha en más detalle. Mientras que la definición de la marcha es bastante concisa, los matices y las complejidades de una técnica eficiente de marcha están lejos de ser simples. Observar andar a los marchistas élite te deja pasmado. También te deja una imagen, como sacada de libro de texto por su fluidez, potencia y elegancia. Si bien, existen otros adjetivos que pudieran reemplazar los indicados, estos nunca llegarían a describir el por qué los marchistas se ven tan bien. La clave para una buena forma es la combinación de fuerza y rango de movimiento.

Antes de sumergirnos más detalles, cabe aquí una breve acotación de nuestras conclusiones. Cuando indicamos promedios estadísticos, no estamos inventando números. Nosotros estudiamos segmentos de videos de alta velocidad y secuenciamos fotografías de muchos de los mejores marchistas del mundo. Nuestros números son el promedio de esos hallazgos. Si usted está interesado en los detalles de este estudio, por favor lea ***'Estudiando a los Mejores, Un Análisis Detallado de la Técnica Élite de la Marcha Olímpica' (Looking at the Best, A Detailed Analysis of Elite Race Walking Technique)***.

RELACIÓN DE ZANCADA

PUNTO DE LA FLEXIÓN DE LA RODILLA

PROMEDIO DE PÉRDIDA DE CONTACTO

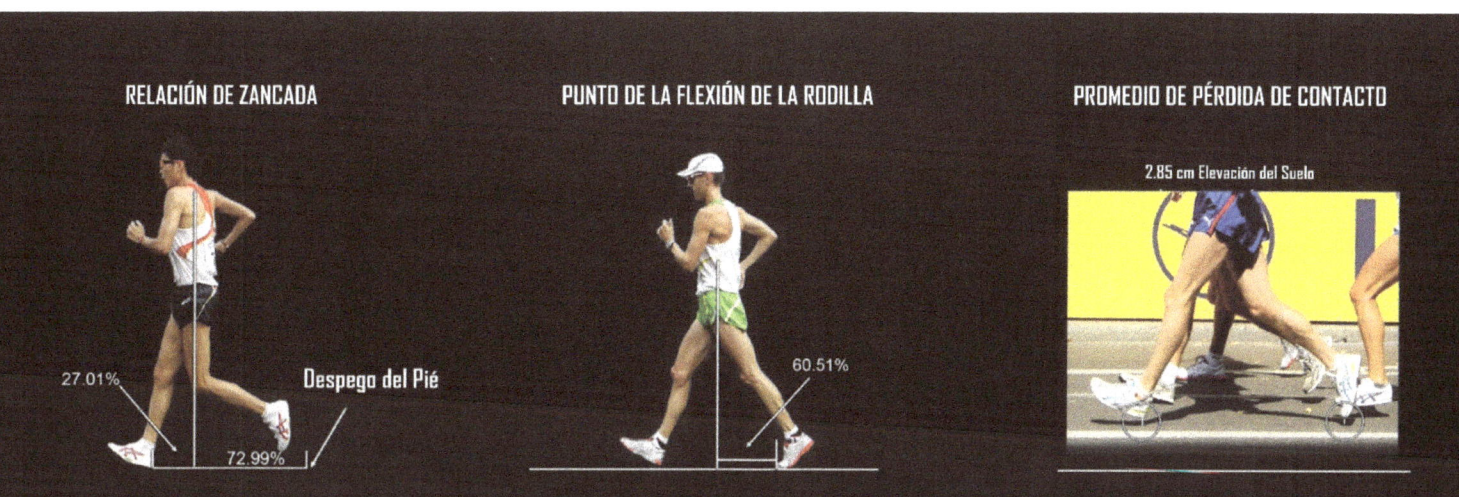

Postura

Empecemos nuestra discusión con la postura. Observe cómo el torso de un marchista está en posición vertical (Figura 4-2 a 4-7). Históricamente, no siempre los marchistas estaban entrenados para que se apoyaran sobre los tobillos. Esto llevó a que se lastimaran la espalda, así como también a una rotación restringida de la cadera. Al caminar erguidos, la técnica de los marchistas es más elegante y eficiente. Su postura es uno de los factores principales para lograr tener una zancada ideal y más larga detrás del cuerpo, que delante del cuerpo.

Zancada General

Observemos la sucesión de la zancada. Podemos ver el pie derecho cayendo al suelo con el talón con la pierna recta (Figura 4-2), esta pierna se mantiene recta hasta cuando el cuerpo pasa directamente sobre la pierna (Figura 4-4) y aún más allá (Figura 4-6). Finalmente, la rodilla se flexiona cuando el pie derecho está a punto de despegarse del suelo detrás del cuerpo (Figura 4-7). La pierna luego se balancea hacia adelante hasta que se endereza delante del cuerpo, cuando el talón hace contacto con el suelo. Lograr esta acción suave y sincronizada es la clave del éxito.

Analicemos más la zancada observando lo que sucede cuando la pierna completa su movimiento hacia adelante. A medida que se endereza, los dedos de los pies apuntan hacia arriba (entre 20 y 30 grados desde el suelo, midiendo desde la suela del zapato) y el talón golpea el suelo (Figura 4-1).

Luego el cuerpo avanza sobre la pierna derecha. Aquí es donde los marchistas tienden a violar la definición de la marcha. La pierna debe permanecer estirada hasta que esté en posición vertical.

Una vez que la pierna está más allá de la posición vertical, puede flexionarse.

Sin embargo, cuando llega el momento de levantar el talón del suelo, si su pierna aún está estirada, puede empujar un poco más hacia adelante usando el pie trasero. Con la flexibilidad y fuerza adecuada, su pierna se mantendrá estirada por más tiempo y obtendrá este empuje ventajoso. Lo ideal es que la pierna permanezca estirada hasta que el talón de su pie trasero se levante del suelo.

El peso luego se lleva sobre la punta de sus dedos del pié. Observe que cuando el pie trasero (derecho) abandona el suelo, la pierna delantera (izquierda) ya está en posición (Figura 4-7).

FIGURA 4-2 FIGURA 4-3 FIGURA 4-4
FIGURA 4-5 FIGURA 4-6 FIGURA 4-7

Notemos también la posición del resto del cuerpo. El brazo derecho se balancea hacia atrás hasta alcanzar un ángulo de 20 a 30 grados (Figura 4-8). Mientras que durante décadas hemos declarado que debe mantener sus brazos a 90 grados, la mayoría de los marchistas de élite sostienen que hay un ángulo de algo menos de 90 grados. La clave es que su mano se mueva justo detrás de la cadera (Figura 4-9). Si usted está sosteniendo su brazo a 85 grados y no está llevándolo hacia atrás lo suficiente, intente abrir el ángulo de su brazo a 90 o 95 grados. Igualmente, si su mano no está llegando hacia atrás de la cadera, abra el ángulo del brazo hasta que alcance la posición correcta de la mano. La variación puede ser por muchas razones, incluida una diferencia en la proporción entre la parte superior e inferior del brazo.

Por último, tenga en cuenta la relación de la zancada delante y detrás del cuerpo. Debería ser aproximadamente 40/60 (Figura 4-10). Note que cuando marchistas élites ganan una fase de vuelo, esta puede ser más de una relación de 30/70. Las piernas no crean un triángulo simétrico. Esto se logra a través de la acción adecuada de las caderas, que se explica en breve. La manera de medir la zancada influye en esta relación. En este caso, nosotros estamos midiendo la parte delantera de la zancada desde el punto de contacto del talón hasta el centro del torso, y la parte trasera desde el centro del torso hasta la punta del pie trasero. Tener menos de la zancada en frente del cuerpo, permite que el marchista optimice su paso al tener más zancada en la fase de propulsión. Por el contrario, cuando el pie llega muy lejos delante del cuerpo, éste actúa como un freno del progreso de la marcha y agrega estrés que pudiera provocar lesiones. A continuación, observamos la pierna derecha que se mueve hacia adelante (Figura 4-11 a la 4-16). El objetivo es que el pie se mueva hacia delante lo más bajo posible. Esto evita la pérdida de contacto que puede ocurrir si desplaza su pie demasiado alto del suelo. Si su pie está demasiado separado del suelo, es posible que tenga una propensión a subir la pierna en lugar de avanzar, por lo tanto, corre el riesgo de perder contacto con el suelo y de ser descalificado.

Observe la progresión cuando el pie trasero se despega del suelo hasta justo después de que el mismo pie toca el suelo delante del cuerpo.

FIGURA 4-11  FIGURA 4-12  FIGURA 4-13

FIGURA 4-14  FIGURA 4-15  FIGURA 4-16

Volvamos a esa parte de la zancada de nuevo. Cuando el pie trasero abandona el suelo (Figura 4-17), se balancea hacia adelante con la pierna flexionada en la rodilla (Figura 4-18, 4-19). Tenga en cuenta el ángulo constante entre la pierna superior e inferior durante esta fase.

Cuando un marchista comienza a estirar la pierna (Figura 4-14 a la 4-16) a medida que avanza, se usan los cuádriceps para extenderla. Cuando el pie entra en contacto con el suelo, la pierna debe estar estirada completamente sin flexión de rodilla.

Veamos también de cerca cómo se mueve el pie hacia adelante durante la fase de balanceo (Figura 4-20). El pie sobrepasa justo por encima del suelo. Esto es ideal para la eficiencia y la legalidad.

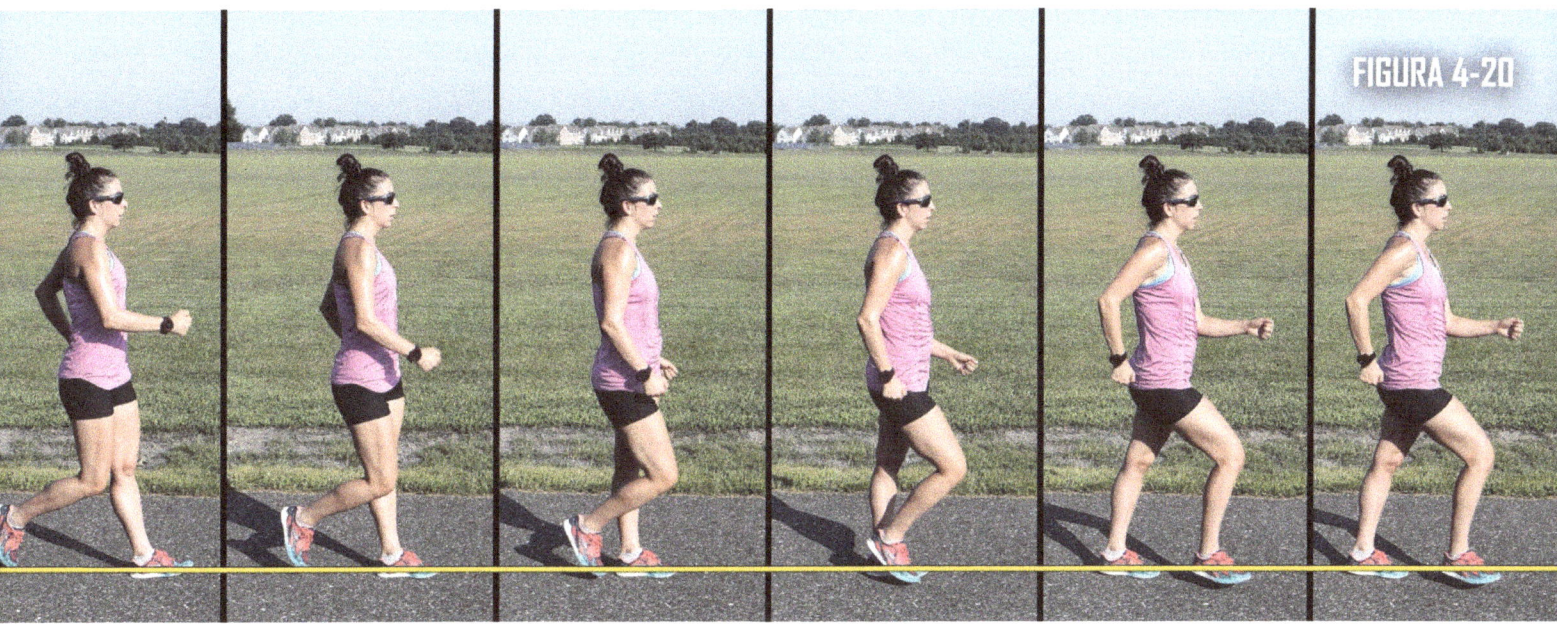

FIGURA 4-20

Observemos a un marchista desde una vista aérea (Figura 4-21). Observe cómo aterrizan sus pisadas en línea recta. En cambio, un peatón tiene pisadas en ambos lados de una línea recta (Figura 4-22). Si le dijeras a un peatón que acelere, sus pisadas caerían naturalmente cerca de una línea central. Esto se debe a la participación adicional de las caderas. Cuanto más se involucren las caderas al movimiento de piernas, más aterrizarán los pies en una línea recta.

MARCHISTA

FIGURA 4-21

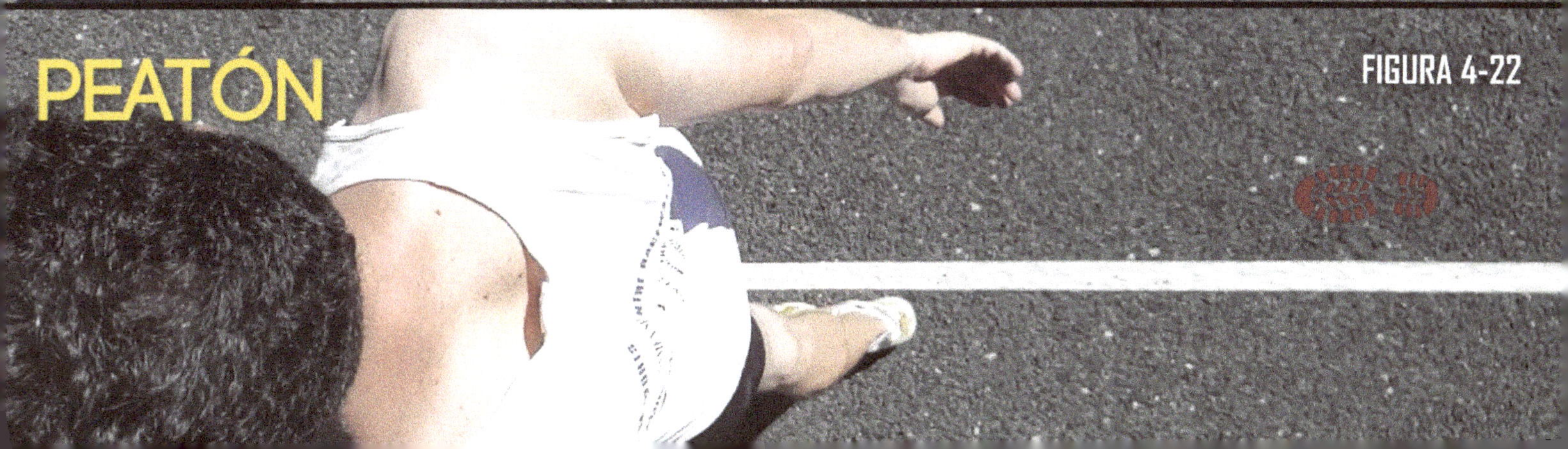

PEATÓN

FIGURA 4-22

Si miramos a un marchista desde el frente (Figura 4-23 a la 4-25), también notaremos que los pies no descienden planos. En su lugar, aterrizan en la esquina exterior del talón y avanzan lentamente con un giro natural hacia la parte exterior del pie. Esto no es forzado, y esto se menciona para que se tome nota, y no para que se busque hacer activamente.

FIGURA 4-23

FIGURA 4-24

FIGURA 4-25

Luego observamos al marchista desde la parte posterior y vemos cómo avanza el pie hacia delante (Figuras 4-26 a la 4-28). Podemos ver el pie desplazarse hacia delante, sobre el dedo gordo. Una vez que el pie del marchista se levanta del suelo, este debe avanzar lo más próximo posible a la superficie, sin balancearse más lejos de lo necesario.

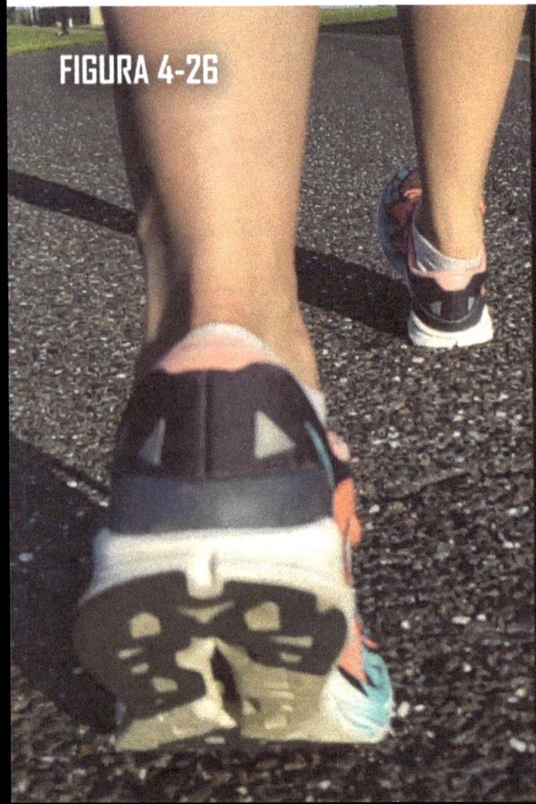

FIGURA 4-26

FIGURA 4-27

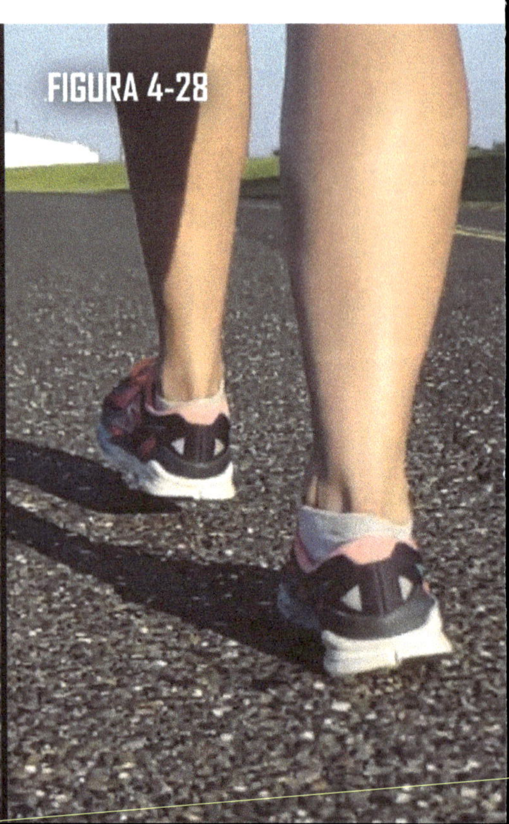

FIGURA 4-28

Caderas

Los marchistas élite generan su principal fuente de locomoción frontal al girar las caderas hacia adelante. Girar repetidamente las caderas hacia adelante hace que actúen como el motor del cuerpo, impulsándose hacia el frente, paso a paso. El movimiento activo de la cadera hacia adelante alarga el paso desde la parte superior de las piernas, y aumenta la longitud del paso detrás del cuerpo.

En un marchista, la ganancia puede ser de hasta tres pulgadas por paso (7.6 cm). Si se agrega tan poco como 1 pulgada (2.5 cm) a la zancada típica de 1 metro de un marchista, la ganancia neta es de aproximadamente 10 metros por vuelta en una pista. En una carrera de 20 kilómetros, eso suma más de 500 metros ganados. A nivel élite, el ahorro es cerca de dos minutos. En los últimos tres Juegos Olímpicos, esto marcó la diferencia entre una medalla de oro y terminar fuera del podio.

Un marchista eficiente tiene más de su paso detrás de su cuerpo que frente a su cuerpo. Esto se debe directamente a la rotación de la cadera. La buena rotación de la cadera hacia adelante es la técnica clave para una marcha sólida.

El valor de obtener una mayor longitud de zancada se ilustró cuando Tim Seaman entrenó con Jefferson Pérez, campeón olímpico en 1996 y medallista de plata olímpico en el 2008. Midieron la longitud de sus zancadas y encontraron que, mientras las piernas de Jefferson son más cortas que las de Tim, la longitud de zancada de Jefferson fue de 1.25 metros y la de Tim fue de 1.11 metros. Eso corresponde a que Tim tuvo que dar 18,000 pasos en una carrera de 20 km y que Jefferson tuvo que tomar solo 16,000.

Observe figuras 4-29 y 4-30. Ambas muestran la zancada del mismo marchista. La diferencia es que el marchista en la Figura 4-30 está utilizando correctamente sus caderas, mientras que en la Figura 4-29 las caderas no estan siendo aprovechadas. Mirando las dos fotos, la diferencia es leve. Sin embargo, al comparar los pasos de lado a lado (Figura 4-31), la diferencia en la longitud del paso cuando se utiliza la rotación correcta de la cadera es obvia.

Algunos entrenadores dicen que el aumento de la rotación de cadera disminuye la cadencia de un marchista. Esta es una evaluación inexacta de la biomecánica. Las caderas giran hacia adelante al mismo tiempo que las piernas se mueven hacia adelante. La pierna no se mueve hacia delante antes de que la cadera gire. Dado que los dos movimientos se producen simultáneamente, cualquier reducción en la cadencia es mínima y se ve superada por el aumento en la longitud de zancada.

El movimiento exacto de las caderas durante la marcha es complejo. La cadera se mueve en tres dimensiones; su movimiento principal es hacia adelante, pero también debe moverse ligeramente hacia adentro y hacia afuera, así como hacia arriba y hacia abajo. Para comprender mejor la técnica adecuada, observe el movimiento de la cadera desde diferentes perspectivas.

Una pequeña etiqueta circular en el exterior del centro de la cadera es una excelente manera de observar cómo se mueve la cadera a medida que el marchista avanza a través de la zancada. Comenzamos con el punto central de la cadera derecha mientras un marchista planta su talón en el suelo (Figura 4-32).

A medida que el cuerpo avanza sobre la pierna estirada, el punto central de la cadera se eleva hasta que la pierna estirada pasa directamente debajo del cuerpo (Figura 4-33).

Desde el momento en que la pierna pasa por debajo del cuerpo hasta que el pie derecho se despega del suelo, el punto central de la cadera se mueve hacia abajo (Figura 4-34).

Cuando la oscilación del pie trasero comienza su empuje hacia delante, la pierna se flexiona (Figura 4-35).

Esta pierna flexionada gira hacia adelante mientras la cadera continúa bajando ligeramente (Figura 4-36). Esto se conoce como "caída de la cadera" y, si bien es necesaria, es una acción mínima. Después de que la rodilla de la pierna pasa por debajo del cuerpo (Figura 4-37), el punto central de la cadera se eleva a la posición neutral (Figura 4-38).

FIGURA 4-35
FIGURA 4-36
FIGURA 4-37
FIGURA 4-38

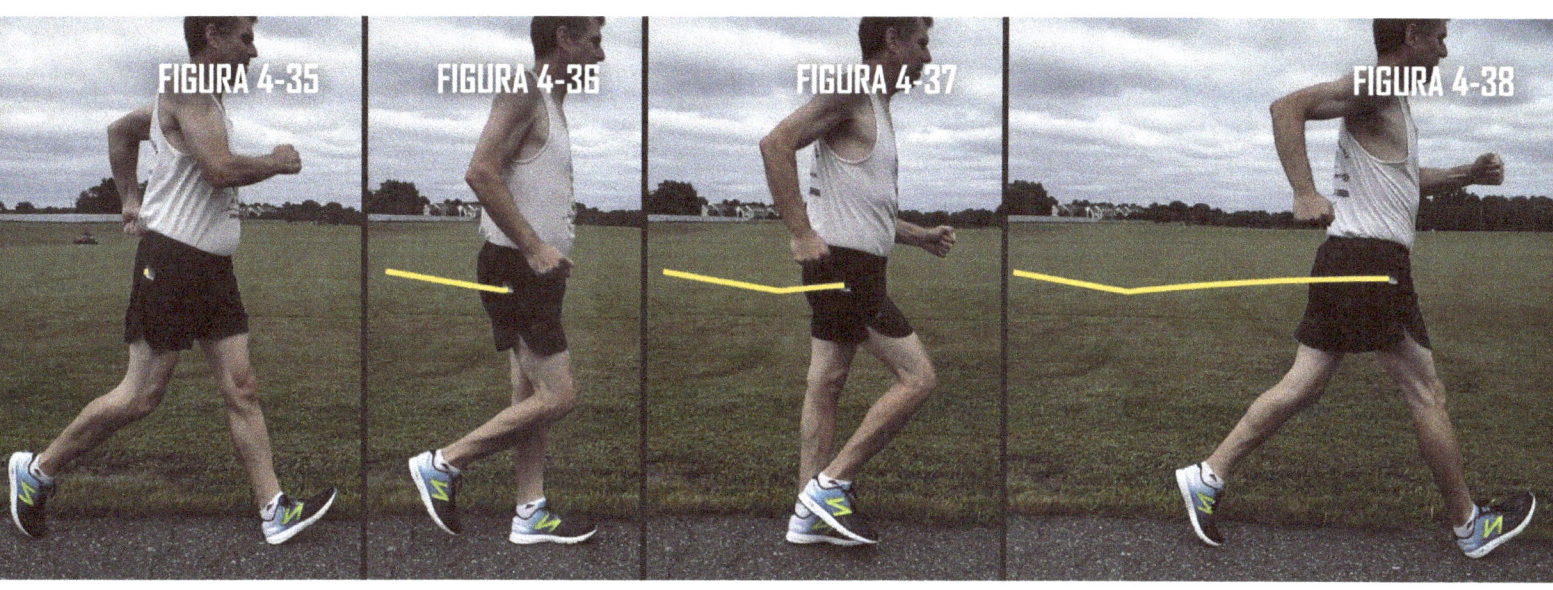

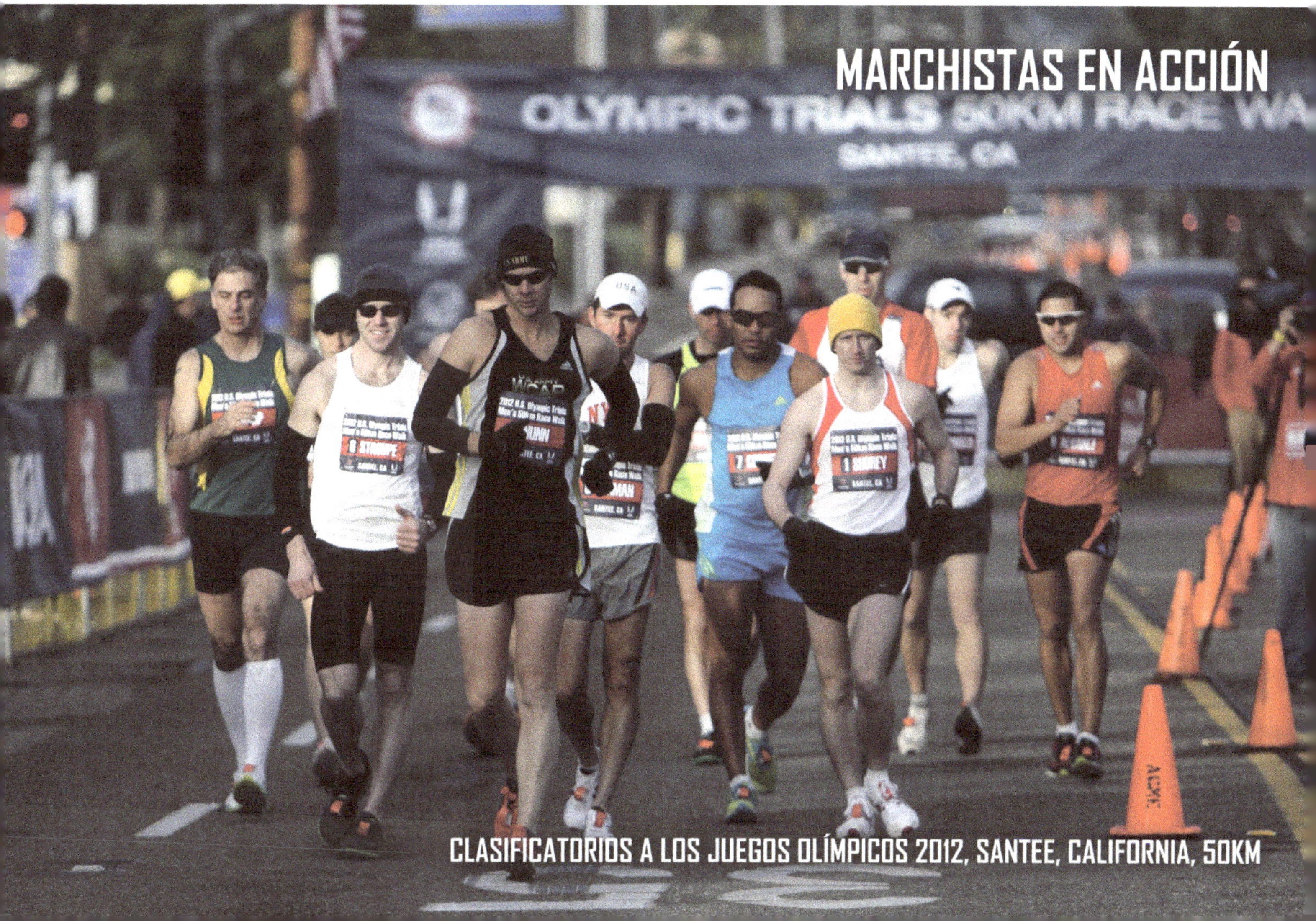
MARCHISTAS EN ACCIÓN
OLYMPIC TRIALS
SANTEE, CA
CLASIFICATORIOS A LOS JUEGOS OLÍMPICOS 2012, SANTEE, CALIFORNIA, 50KM

Para entender mejor el movimiento de las caderas, observemos el punto central de la cadera izquierda durante una zancada, si es visto desde un lado mientras el marchista está en una máquina caminadora.

El talón del marchista golpea el suelo cuando el punto central de la cadera se encuentra en la posición neutral (Figura 4-39).

A medida que la máquina caminadora lleva la pierna estirada hacia atrás, el punto central de la cadera se eleva (Figura 4-40). En nuestras imágenes, el punto central se mueve en sentido de las agujas de un reloj.

Desde el momento en que la pierna estirada pasa por debajo del cuerpo, hasta que el pie derecho se empuja hacia delante, el punto central de la cadera se mueve hacia abajo (Figura 4-41). Cuando el pie trasero comienza a moverse hacia adelante, la pierna se flexiona; mientras lo hace, la cadera sigue bajando. Esto se conoce como "caída de la cadera".

Después de que la rodilla de la pierna que avanza pasa por debajo del cuerpo, el punto central de la cadera se eleva a su posición inicial para caer con el talón (Figura 4-42).

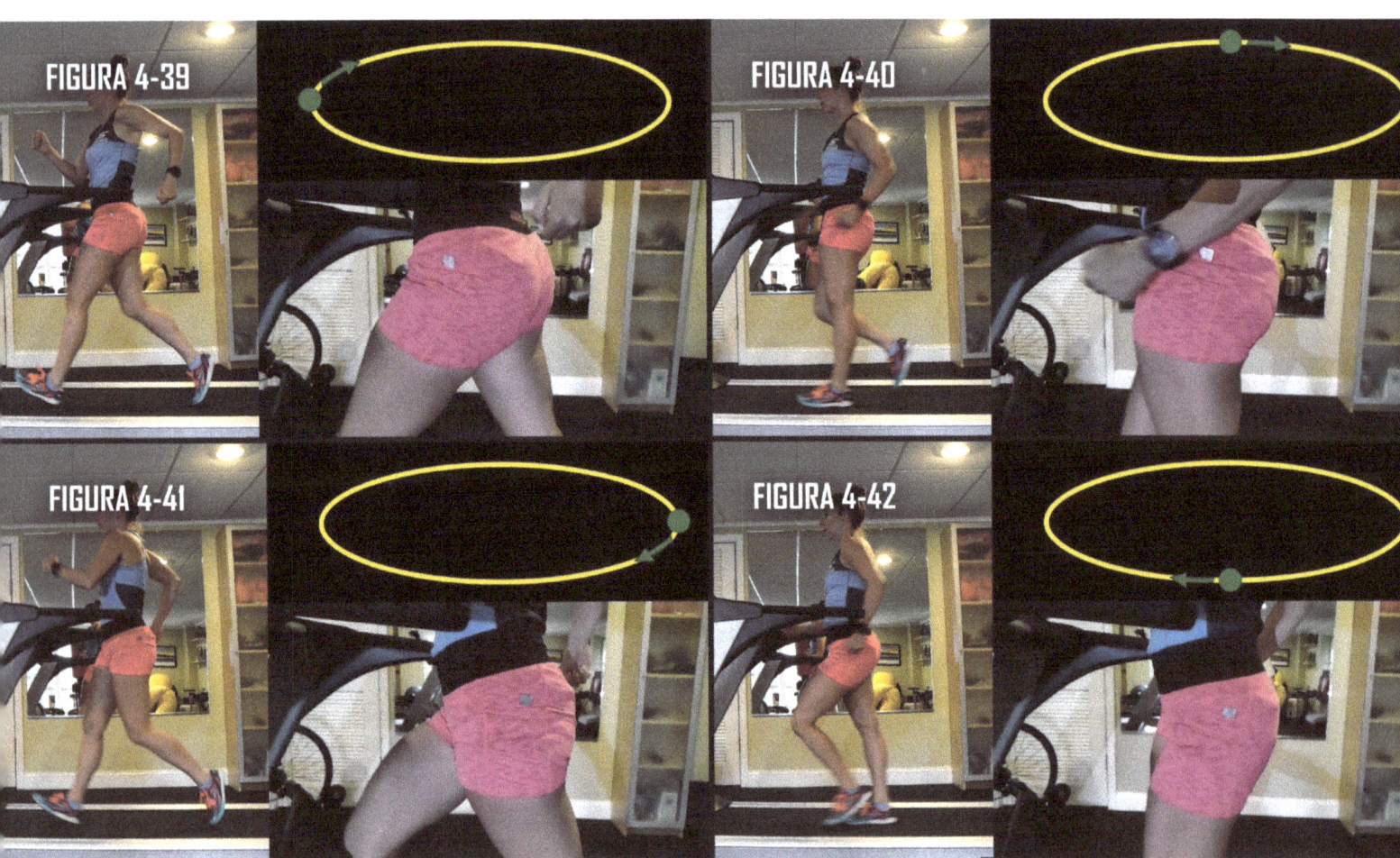

Finalmente, para mostrar cómo la cadera sobresale ligeramente en partes de la zancada, observe a un marchista desde una vista aérea. Tenga en cuenta que la oscilación hacia afuera es mínima y no es una acción forzada. En cambio, las caderas se balancean hacia adentro o hacia afuera debido a las fuerzas sometidas a ellas por las piernas, los brazos y el torso.

FIGURA 4-43　　　FIGURA 4-44　　　FIGURA 4-45

Cuando el pie izquierdo está a punto de despegarse del suelo, la cadera izquierda está detrás del cuerpo, esa misma cadera izquierda comienza a moverse hacia delante (Figura 4-43). A medida que lo hace, se arquea ligeramente (Figura 4-44).

Una vez que la rodilla se balancea debajo del cuerpo, la cadera continúa hacia adelante mientras se arquea hacia la posición inicial (Figura 4-45).

El proceso se repite cuando la pierna derecha se mueve hacia adelante y la cadera derecha se arquea hacia afuera y luego hacia atrás a la posición neutral.

Incluso después de una explicación técnica, muchos marchistas principiantes aún no saben qué se siente cuando se marcha en una competencia con un movimiento de cadera adecuado. Cuando Tim y yo dictamos clínicas de marcha, recurrimos a analogías para tratar de que los marchistas entiendan el movimiento correcto.

MARCHISTAS EN ACCIÓN

CLASIFICATORIOS A LOS JUEGOS OLÍMPICOS 2012, SACRAMENTO, CALIFORNIA, 20KM

EJERCICIO
VAMPIRO EN UN ATAÚD

Aunque usted no sienta que está usando sus caderas cuando esté haciendo este ejercicio, usted las está trabajando en una medida mínima. Nuestro objetivo es hacerle sentir lo que se siente al girar las caderas hacia al frente.

Intente este ejercicio, preferiblemente en la base de una cuesta.

POSICIÓN DEL CUERPO

Comience como si fuera a marchar

PASOS

1. Coloque sus manos sobre su pecho como lo haría un vampiro en un ataúd.
2. Marche subiendo la cuesta (Figura 4-46 y 4-47).
3. Asegúrese de utilizar la técnica adecuada en la parte inferior del cuerpo y estire la pierna de manera correcta.
4. Suba la cuesta por 50 pies o más (15 metros).
5. Ahora, acelere su ritmo. Debería sentir un ligero tirón en la cadera, ya que naturalmente comienza a girar hacia adelante.
6. Marche, sintiéndose cómodo.
7. Exagérelo mientras mantiene los brazos contra su pecho, y enderezca las piernas correctamente.
8. Después de aproximadamente 50 pies de aceleración (15 metros), baje los brazos a la posición correcta de la marcha, y siga exagerando el movimiento de sus caderas. Usted tendrá mejores resultados si puede cronometrar desde el momento que baja sus brazos (del ejercicio) hasta alcanzar la cima de la colina, y luego caminar sobre un terreno nivelado.

FIGURA 4-46 FIGURA 4-47

EJERCICIO
PISTOLERO

La primera analogía es pensar en ti mismo como un disparador de balas en el viejo oeste con una pistola en cada cadera (Figura 4-48). Imagine que quiere caminar a través de un conjunto de puertas de salón que tienen un hueco en el medio. Sin embargo, usted no va a abrir las puertas con las manos. En cambio, manteniendo el torso lo más quieto posible, gire la cadera derecha hacia adelante para que la pistola haga abrir la puerta. Luego repítalo con la cadera izquierda. Use el mismo movimiento de cadera al marchar y lleve su pierna hacia adelante desde la cadera.

FIGURA 4-48

Brazos

Un marchista élite sincroniza el movimiento de brazos y caderas para maximizar eficiencia y velocidad. Mientras que el rango exacto de movimiento del brazo varía ligeramente con la velocidad y el esfuerzo, cada brazo viaja desde un par de pulgadas detrás de la cadera hasta justo por encima de la línea del pecho (Figura 4-49). Observe que, cuando el brazo se mueve hacia adelante, la muñeca se coloca sobre el tobillo (Figura 4-50). La potencia del braceo se deriva del balanceo hacia atrás de su brazo. No es una acción de bombeo salvaje y no requiere mucho esfuerzo para empujar el brazo. Los hombros deben estar relajados para que ellos actúen como un punto de apoyo para los brazos que se balancean como un péndulo.

Cuando el brazo se lleva hacia atrás y con el ángulo adecuado; éste gira a la posición correcta unos centímetros detrás de su cadera. Con un hombro relajado, su brazo llega hacia la ubicación correcta.

El ciclo se repite con otro impulso del brazo hacia atrás. Se sorprenderá de lo poco que se requiere para mover su brazo rápidamente. Pero tenga en cuenta que sus brazos se mueven tan rápido como sus caderas y piernas se mueven; todo se trata de una sincronización. Observe de cerca y podrá apreciar cómo los hombros y el torso se mueven ligeramente hacia adelante a medida que la cadera opuesta gira hacia adelante.

Cuando el pie izquierdo del marchista hace contacto con el suelo, su hombro derecho se mueve ligeramente por delante de su izquierda. También puede notar la presencia hacia adelante del lado derecho de su torso, ya que contrarresta la progresión hacia adelante de la cadera izquierda (Figura 4-50).

El balanceo adecuado del brazo va en coordinación con el cruce del brazo delante del cuerpo. Observe cómo el brazo se mueve hacia adelante como dándole la mano a alguien (Figura 4-51 y 4-52). Una de las claves para tener buen braceo es relajar los hombros. Mientras los hombros se mueven ligeramente hacia adelante y hacia atrás, contrarrestando la rotación de la cadera, estos deben permanecer relativamente quietos. Observe la altura de sus hombros y verifique si están relajados. Simplemente coloque una mano sobre su hombro y presione su hombro hacia abajo. Cuando su hombro está completamente abajo, está relajado.

FIGURA 4-51

FIGURA 4-52

MARCHISTAS EN ACCIÓN

CAMPEONATO NACIONAL DE ATLETISMO DE ESTADOS UNIDOS 2002, NUEVA YORK, USA, 1 HORA

MARCHISTAS EN ACCIÓN

CAMPEONATO NACIONAL DE ATLETISMO DE ESTADOS UNIDOS 2016, NUEVA YORK, USA, 30KM

Corrigiendo la Flexión de Rodilla

Según el juez internacional Ron Daniel, el 25 por ciento de todas las faltas en las competiciones élite son por flexión de rodilla. Buscando entre 8,000 fotos de competencias Olímpicas y Mundiales a las que hemos asistido, encontramos solo 2 casos donde las rodillas estaban flexionadas (Figura 5-1). Si bien puede haber más casos que la cámara no haya capturado, la falta de evidencia fotográfica es alarmante.

De los atletas élites que tenían las rodillas flexionadas, un caso ocurrió en la estación de agua y el otro tomando una vuelta.

FIGURA 5-1

Esto es diferente con los atletas másters o principiantes. Cada persona que llega a la marcha viene con orígenes diferentes, pero ninguno de ellos requiere, en la vida cotidiana, caminar con una rodilla estirada o mantener el dedo gordo del pie en punta a todo momento. Por lo tanto, al principio, enderezar la rodilla al caer con el talón y mantener una rodilla estirada hasta que la pierna pase por debajo del cuerpo puede resultar difícil.

Veámos cómo se ve la rodilla cuando un marchista mantiene una técnica adecuada (Figura 5-2 a 5-4). La pierna se endereza simultáneamente con el talón cayendo sobre el suelo. Luego, a medida que se avanza, la pierna permanece estirada hasta que está en posición vertical e incluso más allá.

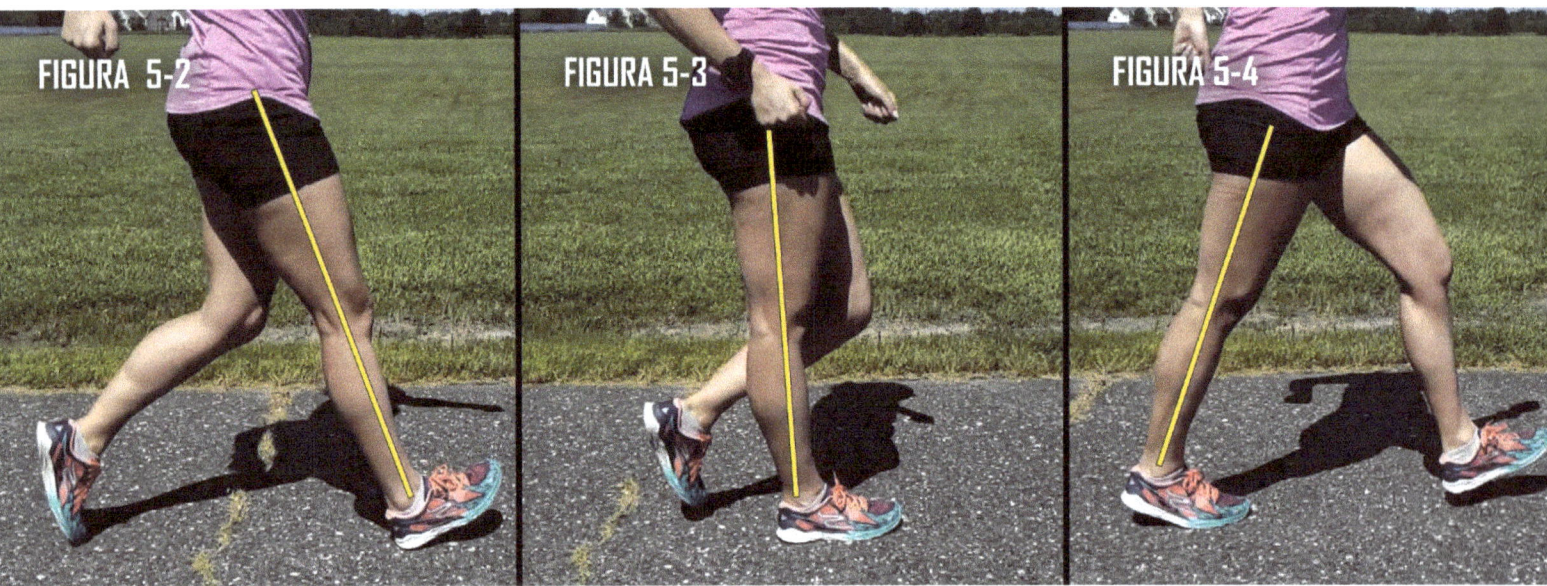

Comparemos ahora un marchista legal con un caminante peatón (Figura 5-5 a la 5-7). Caminantes que flexionan las rodillas vienen en muchas variedades. Este caminante nunca endereza su rodilla. Observe cómo estas aterrizan flexionadas, nunca habiendo logrado una extensión completa de la pierna. La pierna permanece doblada en la rodilla mientras el peso del cuerpo se desplaza sobre ella. Casos como este son fáciles de discernir.

Sin embargo, veamos un caso más tenue. Este caminante aterriza con la pierna extendida (Figura 5-8), pero a medida que su peso se desplaza sobre la pierna, la rodilla se flexiona (Figura 5-9 y 5-10) y el caminante viola la definición de la marcha olímpica.

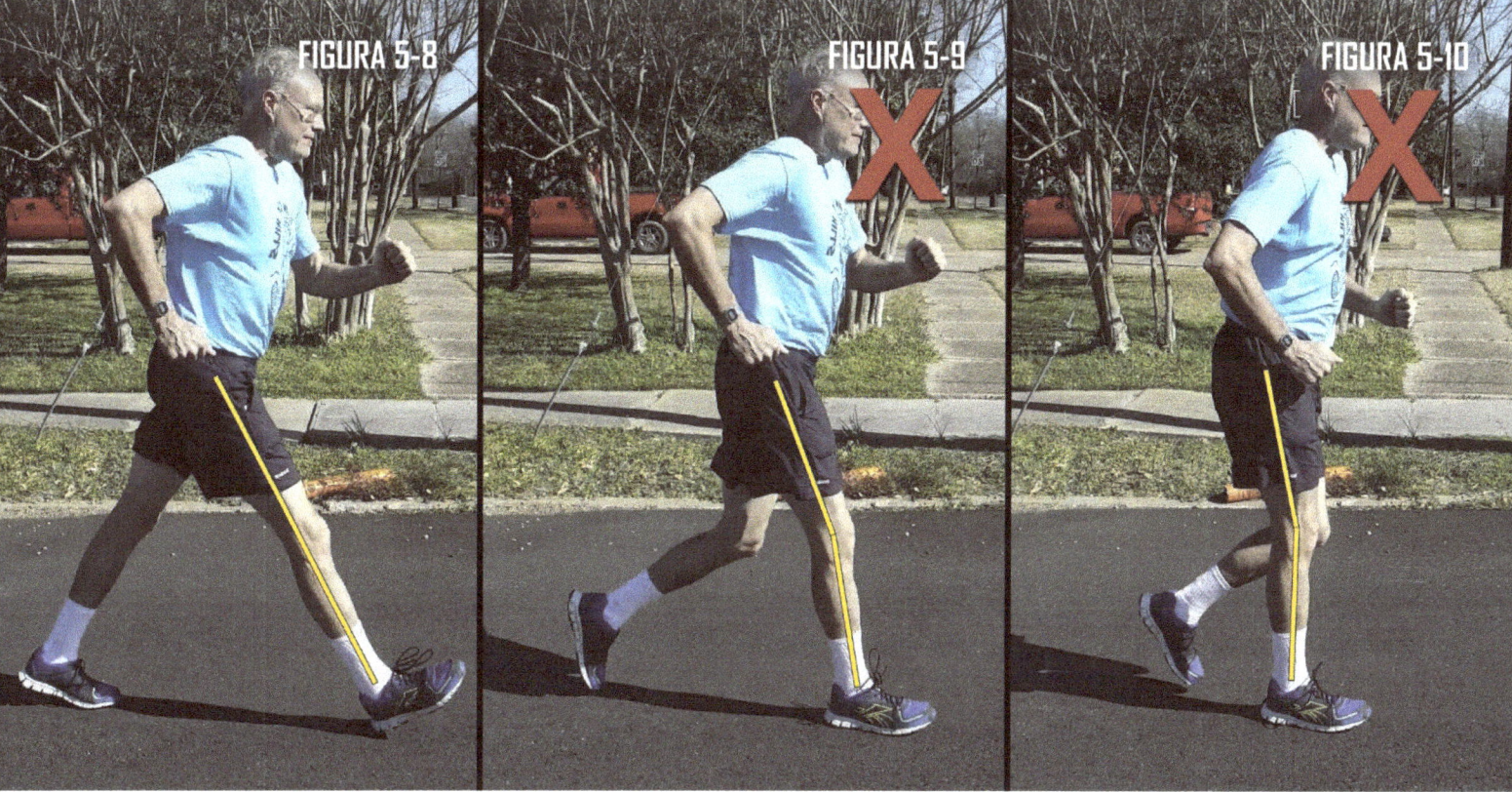

Existe también cuando caminantes aterrizan con el talón sin extender completamente su pierna (Figura 5-11), pero a medida que continúan avanzando (Figuras 5-12 y 5-13), su pierna se endereza. Esto también es una violación de la definición de la marcha.

Toma tiempo en entrenar la rodilla y mantener la pierna estirada.

No se desespere. Existen muchas acciones correctivas que pueden ayudarle. La concentración en lo que está haciendo es indispensable. Existen aspectos claves de la zancada que, cuando se concentra adecuadamente, ayudan al marchista a aterrizar con la pierna completamente extendida y a mantenerla recta hasta que la pierna está más allá de la posición vertical.

CONCÉNTRESE EN

Mantener su dedo gordo del pie apuntando hacia arriba cuando caiga sobre el talón

Intente aterrizar con los pies planos, con el metatarso, y mantenga su pierna estirada mientras su peso es soportado por la pierna. No es fácil de hacer, especialmente si su pie recorre una distancia razonable frente a su torso. Observe las Figuras 5-14 a la 5-16 donde el caminante nunca llega a apuntar sus dedos de los pies hacia arriba. Esta es una violación obvia de la definición de la marcha.

FIGURA 5-14　　FIGURA 5-15　　FIGURA 5-16

Aunque la mayoría de las personas no aterrizan con el pie plano cuando empiezan a marchar, usted puede ser como muchos de los que aterrizan con el dedo del pie apuntando hacia arriba, pero luego aplanan el pie demasiado rápido (Figura 5-17 y 5-18). Por lo tanto, trate de concentrarse en mantener los dedos de sus pies apuntando hacia arriba cuando su talón entra en contacto con el suelo (Figura 5-19). Luego, a medida que su torso avanza sobre la pierna de apoyo, desplácese, bajando gradualmente los dedos del pie a una posición de pie plano (Figura 5-20). Compare el ángulo del pie en la Figura 5-18 y 5-20. Mientras el atleta en la Figura 5-20 sigue avanzando en su zancada, sus dedos están más arriba del suelo, mucho más de lo debido. Una simple comprobación de su caída del pie es escuchar si está golpeando el suelo. Si usted escucha sus pasos al andar, significa que no los sostiene lo suficiente.

CONCÉNTRESE EN

Acortar su zancada delante de su cuerpo

La flexión de la rodilla muchas veces es causada por estirar tanto el paso que el pie cae al suelo demasiado lejos delante del cuerpo. Si usted está sobre ampliando su zancada cuando marcha, puede que usted esté aterrizando con las rodillas estiradas (Figura 5-21).

Sin embargo, a medida que su torso avanza, la mayor parte del peso de su cuerpo reposa en la pierna de apoyo y la rodilla comienza a doblarse (Figura 5-22 y 5-23). A medida que lo hace, los músculos del cuádriceps se activan, intentando estirar la pierna.

Si usted cambia a tener una zancada más corta frente a su cuerpo, su pierna soporta menos peso y es más fácil para usted mantener la rodilla estirada.

FIGURA 5-21   FIGURA 5-22   FIGURA 5-23

CONCÉNTRESE EN
Correcta rotación de la cadera

Usted también puede mejorar la proporción de la zancada concentrándose en la correcta rotación de la cadera. En Figura 5-24 y 5-25, observe la diferencia de la zancada del mismo atleta, cuando se aprovecha el movimiento de caderas, simplemente concentrándose en impulsarlas hacia delante. Este impulso que brinda la cadera, hace que el paso del marchista cambie naturalmente, teniendo ahora más de su zancada detrás de su cuerpo.

También, observe cómo en la Figura 5-25, este impulso de la cadera hizo que el atleta se despegara de puntillas del suelo. Esto reduce la fuerza de frenado causada por el contacto del pie delante del cuerpo. Además de mejorar la eficiencia, también ayuda con la corrección de rodillas flexionadas porque hay menos paso delante del cuerpo y, por lo tanto, reduce el tiempo necesario para mantener la pierna estirada.

Finalmente, aunque no está directamente relacionado con corregir rodillas flexionadas, vale la pena señalar que la simple mejora en el impulso de la cadera, en este ejemplo, aumenta la longitud de la zancada por casi dos pulgadas (cinco centímetros).

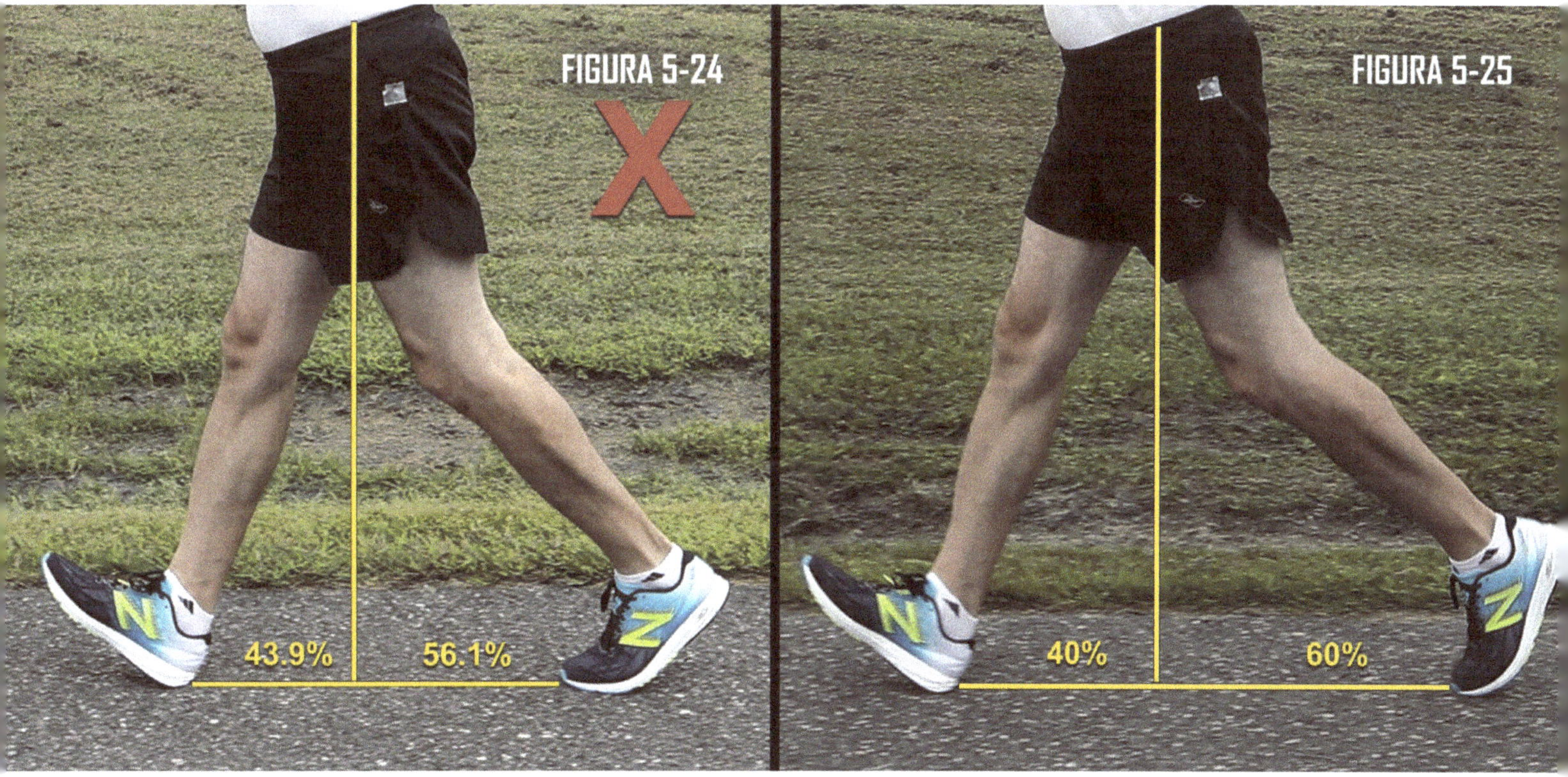

FIGURA 5-24   FIGURA 5-25

Sin embargo, la concentración por sí sola no suele resolver el problema. Fortaleciendo los músculos utilizados para mantener la pierna recta y mejorar la flexibilidad de las caderas, los isquiotibiales, las espinillas y las pantorrillas, le ayudará a marchar con una técnica adecuada y legal. Por lo tanto, le sugerimos que incluya los siguientes ejercicios de estiramientos antes de sus entrenamientos.

EJERCICIO ISOMÉTRICO DE RODILLA

El ejercicio **Isométrico de Rodilla** es un ejercicio de entrenamiento de fuerza leve que no requiere peso extra o movimiento mínimo del cuerpo. Es isométrico (usa tensión sin contracción) y entrena la memoria muscular para saber cómo se siente al estirar la rodilla.

POSICIÓN DEL CUERPO

Siéntese con piernas extendidas y una toalla doblada debajo de sus rodillas (Figura 5-26).

PASOS

A) Presione la toalla hacia abajo, estirando las rodillas (Figura 5-27). Esto hace que sus talones se levanten del suelo.
B) Permanezca en esta posición por 3 segundos.
C) Relájese por 3 segundos haciendo que sus talones vuelvan al suelo (Figura 5-26).
D) Repita 10-15 veces. Lo puede hacer con una pierna a la vez o con ambas piernas simultáneamente.

FIGURA 5-26   FIGURA 5-27

EJERCICIO
ELEVACIÓN DE PIERNA RECTA

Al igual que el ejercicio isométrico que se mostró anteriormente, este ejercicio de *Elevación de Pierna Recta* fortalece los cuádriceps, así como también los flexores y abdominales de la cadera. Ya que fortalece la pierna mientras la mantiene estirada, ayuda a promover la memoria muscular que le permitirá marchar adecuadamente sin flexionar las rodillas.

POSICIÓN DEL CUERPO

Este ejercicio se puede hacer con o sin peso en los tobillos. Es mejor comenzar sin peso y agregar pesos livianos poco a poco, acumulando hasta el 10% de su peso corporal, pero nunca excediéndose más de 10%.

Acuéstese boca arriba y apoye su cuerpo doblando una pierna (Figura 5-28).

PASOS

A) Levante lentamente la pierna estirada hasta unos 45 grados (Figura 5-29); manténgala en esta posición por un segundo, y luego bájela gradualmente.
B) Repita este ejercicio 15 veces con una pierna, luego cambie y repita con la otra pierna.
C) Realice 3 series.

FIGURA 5-28 FIGURA 5-29

EJERCICIO
ESCRIBIR EL ABECEDARIO

Escribir un abecedario imaginario con su pie puede fortalecer y estirar los músculos menores alrededor del tobillo, y ayuda con su apoyo de talón, desplazamiento e impulso en la marcha. Cuando los músculos de la parte inferior de la pierna no son lo suficientemente fuertes, aterrizará con los pies planos o su pie se aplanará muy rápidamente. Si su pie está plano en el suelo mientras aún está en frente de su torso, su riesgo de flexionar la rodilla es alto.

POSICIÓN DEL CUERPO
Siéntese en una silla con una pierna sobre la otra.

PASOS
A) Deletree lentamente cada letra mayúscula del alfabeto con su dedo del pie (Figuras 5-30 y 5-31).
B) Repita con la otra pierna/pie.

ALTERNATIVAS
Si usted tiene un peso ligero de tobillo, puede colocarlo alrededor de su pie y esto agregará resistencia. Esta resistencia también podría lograrse utilizando una banda elástica.

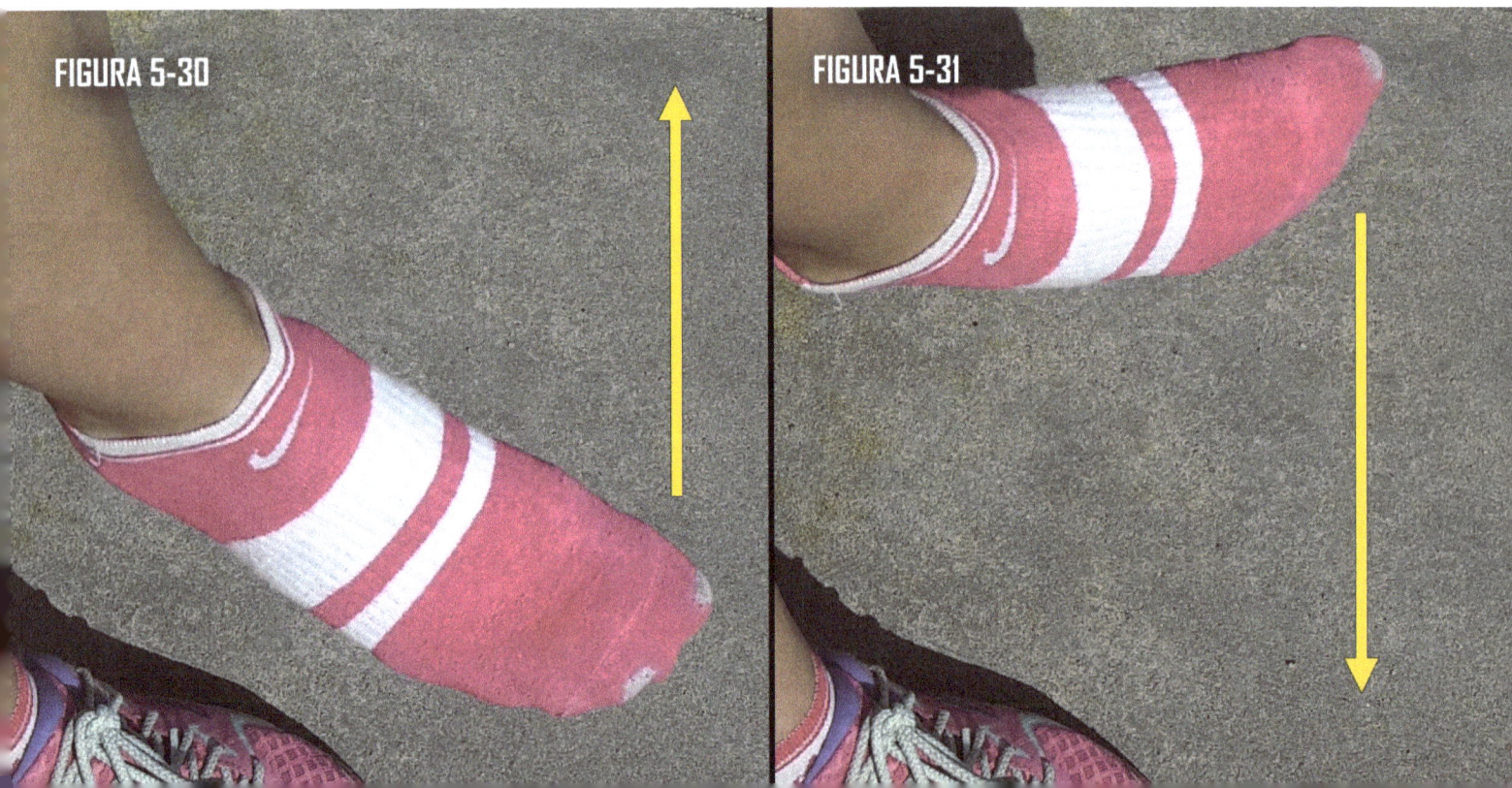

FIGURA 5-30

FIGURA 5-31

EJERCICIO
PLANTA DE TALÓN

El viejo refrán de "dar pasos de bebé" también es útil como ejercicio de técnica de marcha. Caminar lentamente con una planta de talón exagerada es una excelente manera de practicar el aterrizaje con una rodilla estirada, sin la presión de ir rápido. Este ejercicio también le permite desarrollar la sensación de un buen movimiento del pie.

POSICIÓN DEL CUERPO

Realice este ejercicio utilizando la técnica de marcha adecuada.

PASOS

A) Comience dando un paso corto, haciendo hincapié en llevar los dedos de los pies apuntados hacia arriba y la rodilla estirada (Figura 5-32).
B) Desplácese, manteniendo los dedos de los pies de apoyo fuera del suelo el mayor tiempo posible.
C) Levante el pie de apoyo hacia arriba (Figura 5-33) y haga caer el pie hacia abajo directamente delante del cuerpo (Figura 5-34), enfatizando nuevamente la punta del pie y la rodilla estirada.
D) Repita por 30 metros.

Mientras realice este ejercicio, sentirá cómo trabajan todos los músculos pequeños de su pie.

FIGURA 5-32 FIGURA 5-33 FIGURA 5-34

EJERCICIO
PLANTA DEL PIE

Explicado anteriormente en el capítulo 3, página 12, la técnica de la planta del pie le ayudará a entrenar su cuerpo para enderezar la rodilla al caer con el talón.

MARCHISTAS EN ACCIÓN

IAAF CAMPEONATO DEL MUNDO 2013, MOSCÚ, RUSIA, 20KM

EJERCICIO
ZANCADAS LARGAS, BRAZOS LARGOS

Mejorar la rotación de la cadera hacia adelante probablemente le ayudará a mantener la rodilla estirada en el momento del impacto con el suelo hasta que su pierna pase la posición vertical. Cuando las caderas giran hacia adelante, la cantidad de zancada frente a su torso se reduce, lo que reduce la probabilidad de que la pierna se flexione al avanzar. Por lo tanto, el ejercicio de **Zancadas Largas, Brazos Largos** y cualquier otro ejercicio que tenga como objetivo mejorar la rotación de la cadera hacia adelante le será muy útil para evitar problemas de flexión de la rodilla.

POSICIÓN DEL CUERPO

Realice este ejercicio mientras esté marchando.

PASOS

A) Manteniendo los brazos rectos y las manos planas con las palmas abiertas hacia atrás, marche con un paso exagerado llevando las caderas hacia adelante (Figuras 5-35 y 5-36).

B) Realice este ejercicio por 30 metros. Usted debe sentir una conexión entre sus brazos y caderas.

FIGURA 5-35　　FIGURA 5-36

EJERCICIO
CALENTAMIENTO DE LOS ISQUIOTIBIALES

Los isquiotibiales están activos durante cada fase del paso de un marchista. A veces se contraen de manera excéntrica (tensando el músculo a lo largo); en otras ocasiones se contraen concéntricamente. De cualquier manera, es necesario que los mantenga flexibles para maximizar su eficiencia y asegurar de que la pierna se pueda enderezar correctamente.

POSICIÓN DEL CUERPO

De pie, derecho.

PASOS

A) Coloque una pierna extendida seis pulgadas (15 cm) frente a su cuerpo con los dedos de los pies apuntando hacia arriba.
B) Inclínese lentamente y, sin doblar la rodilla de su pierna extendida, toque sus dedos de los pies (Figura 5-37).
C) Camine hacia adelante, alternando las piernas y, si es flexible, intente llegar más allá de sus dedos de los pies (Figuras 5-38 y 5-39).
D) Para aliviar el estrés en su espalda, asegúrese de que sus gluteos se mantengan sobre su pie trasero cuando se incline hacia adelante.
E) Realice este ejercicio por 30 metros.

FIGURA 5-37   FIGURA 5-38   FIGURA 5-39

EJERCICIO
CAMINAR SOBRE LOS TALONES

Una de las causas físicas más importantes que hacen que las rodillas se flexionen es la falta de fuerza adecuada en la espinilla, la cual es quién permite aterrizar con el pie apuntando hacia arriba y desplazarse correctamente. La manera más fácil de fortalecer las espinillas es caminar sobre los talones.

POSICIÓN DEL CUERPO

De pié, derecho.

PASOS

A) Camine lentamente, con un paso de no más de seis pulgadas (15 cm) (Figuras 5-40 a 5-42). Recuerde, hágalo lentamente.
B) Concéntrese en mantener los dedos de sus pies apuntando hacia arriba. Cuanto más alto los apunte, mejor y más intensamente trabajará sus espinillas.
C) Mantenga esta técnica por 30 metros.

¡CUÍDESE!

Si sus espinillas no pueden aguantar esta distancia, deténgase brevemente y estírelas (consulte el capítulo 5, página 61). Una vez que haya estirado correctamente, continúe con el ejercicio caminando sobre sus talones por el resto de los 30 metros. Al terminar, siempre estire sus espinillas. Le sentirá relajante estirarlas.

FIGURA 5-40 FIGURA 5-41 FIGURA 5-42

EJERCICIO
LEVANTAMIENTO DEL DEDO DEL PIE

Levantamiento del Dedo del Pie es un buen ejercicio de fortalecimiento de la espinilla para ayudarle con el movimiento adecuado del pie.

POSICIÓN DEL CUERPO

Realice este ejercicio de espinilla en el borde de una acera o un escalón. Tenga en cuenta que cuando se realiza este ejercicio, a veces se hace difícil mantener el equilibrio, así que, asegúrese de tener una pared o donde sostenerse para estabilizarse. Coloque sus talones lo más cerca posible del borde, sin perder la estabilidad.

PASOS

A) Suba y baje los dedos del pie lo más rápido posible mientras mantiene el equilibrio y la forma (Figuras 5-43 a 5-44).

B) Concéntrese en elevar sus dedos del pie arriba y abajo. Cuanto mayor sea el rango de movimiento que recorran sus dedos, mejor será el entrenamiento. Al terminar, siempre estire las espinillas.

¡CUÍDESE!

Por favor sea precavido. Los músculos de la espinilla son muy pequeños y se irritan fácilmente. Si se excede en este ejercicio, los músculos de la espinilla se tensarán y se fatigarán, lo que dificultará la ejecución de una técnica de marcha correcta.

FIGURA 5-43

FIGURA 5-44

EJERCICIO
CAMINAR DE PUNTAS

El fortalecimiento muscular implica el equilibrio. Mientras que los atletas a menudo se enfocan en sus espinillas para corregir la flexión de la rodilla, descuidan sus músculos complementarios: las pantorrillas. Este ejercicio es similar al ejercicio de fortalecimiento de la espinilla *Caminar sobre los Talones*. Sin embargo, este es caminando lentamente sobre los dedos de los pies, fortaleciendo las pantorrillas.

POSICIÓN DEL CUERPO

De pié, con los talones levantados del suelo.

PASOS

A) Camine despacio, no es una carrera, con un paso de no más de seis pulgadas (15 cm).
B) Al caminar, concéntrese en mantener sus talones lo más alto posible del suelo (Figuras 5-45 a 5-47).
C) Camine de esta manera por unos 30 metros.

¡CUÍDESE!

Si sus pantorrillas se cansan rápidamente, pause por un momento y estire sus piernas un poco (consulte el capítulo 5, página 57). Luego, reincorpórese al resto del ejercicio. Si caminar en puntillas por 30 metros se siente fácil, intente ir más lejos. El ejercicio de *Fortalecimiento de la Pantorrila* también le fortalecerá estos músculos y le ayudará a equilibrar los ejercicios de fortalecimiento de la espinilla. Además, al hacerlo, le permitirá empujar el pie más fácilmente y con mayor fuerza.

FIGURA 5-45   FIGURA 5-46   FIGURA 5-47

EJERCICIO
FORTALECIMIENTO DE PANTORRILLA

Es ideal que realice el ejercicio de **Fortalecimiento de Pantorrilla** sobre el borde de una acera cerca de un poste para mantener el equilibrio, o en un escalón con un pasamanos. Coloque sus dedos del pie sobre el borde, con sus talones al aire, mientras mantiene el equilibrio.

PASOS

A) Póngase de puntillas al borde de la acera/escalón. Levante y baje sus talones con un amplio rango de movimiento (Figuras 5-48 y 5-49).
B) Repita este movimiento 10 o 15 veces, teniendo cuidado de no hacer trampa usando la parte superior del cuerpo para balancearse.
C) Si usted es lo suficientemente fuerte, intente levantar y bajar su cuerpo con un pie a la vez.

FIGURA 5-48   FIGURA 5-49

EJERCICIO
EXTENSIÓN DE PIERNA CON MÁQUINA

Tener los cuádriceps fuertes es esencial para la marcha. Los cuádriceps ayudan a que la parte inferior de la pierna se mueva hacia adelante lo más rápido posible, y son directamente responsables de ayudar a enderezar la rodilla. El objetivo es hacerlos fuertes, no grandes, ya que obstaculizarían nuestra eficiencia.

Por lo tanto, debemos usar pesos ligeros con bastantes repeticiones para lograr la forma más óptima del músculo.

POSICIÓN DEL CUERPO

Lo ideal es realizar este ejercicio en una máquina, una pierna a la vez. Si bien, existen diferentes modelos de máquina, la mayoría son similares al que se muestra. Las máquinas de mayor calidad generalmente le permiten ajustar el asiento y el rodillo de piernas. Ajuste el equipo de modo que su rodilla esté en el eje de la máquina, con el tobillo debajo del rodillo de la pierna.

PASOS

A) Manteniendo su espinilla presionada contra la máquina, extienda su pierna hasta una posición de bloqueo; exhale mientras levanta la barra (Figura 5-50).
B) Mientras inhala, baje la pierna a su posición original (Figura 5-51).
C) Repita este ejercicio 20 veces con cada pierna, por 2-3 series. Mientras ejecuta el ejercicio, asegúrese de que su tobillo permanezca en contacto con el rodillo y de que pueda soportar el peso.

EJERCICIO
EXTENSIÓN DE PIERNA SIN MÁQUINA

Sabemos que la fuerza del cuádriceps es importante, pero algunos de nosotros no tenemos acceso a una máquina de extensión de pierna. Esta es una alternativa de baja tecnología para lograr los mismos resultados.

POSICIÓN DEL CUERPO

Siéntese en un taburete o silla y ajuste peso ligero alrededor de su tobillo; principiantes pueden optar por omitir el peso (Figura 5-52).

PASOS

A) Estire la pierna con el peso del tobillo (Figura 5-53).
B) Mientras exhala, baje la pierna a la posición original (Figura 5-52).
C) Repita 15 veces y luego cambie de pierna.
D) Repita por 3 series.

EJERCICIO
FLEXIÓN DE PIERNA CON MÁQUINA

Tener los isquiotibiales fuertes son importantes para la marcha. Los isquiotibiales están activos durante cada fase del paso de un marchista. Éstos se contraen de forma excéntrica y concéntrica (tensando el músculo a medida que se acorta). De cualquier manera, es necesario que los mantenga fuertes para maximizar su eficiencia y legalidad.

POSICIÓN DEL CUERPO

Este ejercicio se realiza mejor en una máquina, una pierna a la vez. La mayoría de las máquinas tienen una estructura similar al que se muestra. Equipos de mayor calidad generalmente le permitirán ajustar la plataforma y el rodillo de piernas. Ubíquese con su rodilla en el eje de la máquina, con el tobillo justo debajo del rodillo de la pierna (Figura 5-54).

PASOS

A) Mientras exhala y mantiene el muslo presionado contra la máquina, flexione la pierna, empujando los talones hacia adentro acercando el rodillo de la pierna hacia sus glúteos (Figura 5-55).
B) Mientras inhala, complete el ejercicio bajando la pierna a su posición original (Figura 5-54).
C) Mantenga siempre el contacto entre el rodillo y su pierna mientras ejecuta el levantamiento. También, preste atención al control del peso durante todo el ejercicio.
D) Realice 20 repeticiones con cada pierna y complete 3 series.

FIGURA 5-54   FIGURA 5-55

EJERCICIO
FLEXIÓN DE PIERNA SIN MÁQUINA

Sabemos que tener los isquiotibiales fuertes es importante, pero algunos de nosotros no tenemos acceso a una máquina de flexión de pierna. Esta es una alternativa de baja tecnología para lograr los mismos resultados utilizando un peso de tobillo para simular la máquina.

POSICIÓN DEL CUERPO

Puede hacer este ejercicio de pie junto a una pared para mantener el equilibrio o acostado boca abajo sobre un banco. Ajuste un peso ligero alrededor de su tobillo; principiantes pueden optar por omitir el peso (Figura 5-56).

PASOS

A) Levante la pierna con el peso en el tobillo, mientras inhala, hasta que la parte inferior de su pierna esté paralela al suelo (si está de pie) o perpendicular al suelo (si está acostado). Apóyese con la pierna opuesta (Figura 5-57).
B) Mantenga esta posición por un segundo.
C) Baje la pierna a la posición original, mientras exhala (Figura 5-56).
D) Realice 20 repeticiones y luego cambie de pierna.
E) Realice 3 series.

ESTIRAMIENTO TRADICIONAL DE PANTORRILLA

Si sus pantorrillas están tensas, es difícil apuntar con el dedo del pie y estirar la rodilla al caer con el talón. El estiramiento *Tradicional de Pantorrilla* es bastante fácil de hacer.

POSICIÓN DEL CUERPO

Ubique ambas manos a la altura de sus hombros en una pared o poste. Mantenga sus brazos rectos, con una pierna recta un poco detrás de su cuerpo y la otra flexionada debajo de su cuerpo.

PASOS

A) Coloque el talón de su pie trasero a 1½ o 2 pies (40 a 60 cms) detrás de su cuerpo.
B) Manteniendo su pierna trasera recta, pero no bloqueada en posición, mantenga el talón sobre el suelo (Figura 5-58 y 5-59).
C) Debería sentir el estiramiento a lo largo de sus músculos posteriores de la pierna, especialmente en su pantorrilla. Si no lo siente lo suficiente, mueva su pie trasero un poco más hacia atrás (recuerde mantener el talón sobre el suelo).
D) A lo largo del estiramiento, la parte superior del cuerpo debe permanecer vertical y recta; no se incline hacia adelante.
E) Alterne de piernas al terminar.

FIGURA 5-58　　FIGURA 5-59

ESTIRAMIENTO
PANTORRILLA FLEXIONANDO LA RODILLA

La pantorrilla no es un solo músculo; comprende dos músculos, de los cuales ambos necesitan estiramiento. El estiramiento que se mostró anteriormente trabaja el músculo de la pantorrilla exterior. El **Estiramiento de la Pantorrilla Flexionando la Rodilla** utiliza una posición excelente que estira profundamente el músculo interno de la pantorrilla (músculo sóleo).

POSICIÓN DEL CUERPO

Usted puede empezar este estiramiento cuando termine con el Estiramiento Tradicional de Pantorrilla (Figura 5-60).

PASOS

A) Coloque ambas manos, a la altura de sus hombros, en una pared o poste. Mantenga sus brazos rectos con una pierna ligeramente flexionada debajo de su cuerpo. Coloque el talón de su pierna trasera a 1 o 1 ½ pies (30 a 40 cms) detrás de su cuerpo. Tenga en cuenta que esto es cerca de seis pulgadas (15 cms) delante de la posición del pie en el Estiramiento Tradicional de Pantorrilla.

B) Manteniendo su pierna trasera recta y en una posición estable, coloque el talón en el suelo (Figura 5-61). Manteniendo el talón plantado en el suelo, flexione la pierna trasera para que la rodilla caiga unos centímetros más cerca del suelo. Debería sentir un estiramiento más profundo, pero menos pronunciado, en el músculo de la pantorrilla. Mientras no es tan pronunciado como los estiramientos anteriores, éste trabaja el músculo objetivo directamente.

FIGURA 5-60   FIGURA 5-61

ESTIRAMIENTO AVANZADO DE PANTORRILLA

Si sus pantorrillas son extremadamente flexibles, es posible que desee un estiramiento de pantorrilla más profundo. Debido a que este estiramiento es relativamente agresivo, es posible que deba desarrollarlo practicando con los previos estiramientos de pantorrilla. Cuanto más flexibles sean los músculos de la pantorrilla, usted obtendrá mejor movimiento de la planta del pie e impulso.

POSICIÓN DEL CUERPO

Coloque un pie lo más cerca posible del borde de un escalón o acera mientras mantiene un buen equilibrio, con el talón al aire. Si es posible, use un árbol, un poste o incluso una persona para mantener el equilibrio.

PASOS

A) Mientras mantiene su pierna trasera lo más recta posible, baje el talón lo más que pueda de manera cómoda (Figura 5-62). Usted logrará un mejor estiramiento colgando tan afuera del borde como sea posible y bajando los talones todo lo posible.
B) Después de mantener el estiramiento durante 20-30 segundos, alterne de pierna.
C) Si aún se siente tenso, repita este estiramiento una vez más.

FIGURA 5-62

ESTIRAMIENTO INTENSIVO DE PANTORRILLA

El Estiramiento Intensivo de Pantorrilla es bastante agresivo. Lo usamos para estirar las áreas superiores de la pantorrilla que no se alcanzan con un estiramiento menos intenso. Sugerimos que realice los estiramientos de pantorrilla anteriores antes de intentar este.

POSICIÓN DEL CUERPO

De igual manera, necesitará una pared, poste o árbol para apoyarse. Comience colocándose a una corta distancia del poste (cuanto más cerca esté, más estirará la pantorrilla) con la pelvis hacia adelante (no doblada en la cintura).

PASOS

A) Comience colocando un talón pierna lo más cerca de la parte inferior del poste, con los dedos del pie contra él, como si estuviera tratando de pisar el poste.
B) Ahora mantenga la pierna y la espalda recta e inclínese hacia el poste lentamente (Figuras 5-63 y 5-64).
C) Teniendo cuidado de no llegar al punto del dolor, inclínese hacia la pierna delantera hasta que sienta una tensión moderada en la pantorrilla superior.
D) Mantenga el estiramiento durante 20 a 30 segundos, luego alterne piernas.

Asegúrese de tener cuidado cuando ejecute este estiramiento por primera vez, ya que puede sobre-estirar la pantorrilla fácilmente si se mueve o ejecuta esta posición con demasiada fuerza. A diferencia de los dos primeros estiramientos de pantorrilla, el estiramiento avanzado se concentra en los músculos de pantorrilla superior. Es posible que desee practicar los estiramientos anteriores durante varias semanas antes de llegar a este estiramiento intensivo.

FIGURA 5-63 / FIGURA 5-64

ESTIRAMIENTO ESPINILLA, DE PIÉ

Todo marchista diría que sus espinillas reciben toda la carga de la marcha, y cuando las espinillas están adoloridas, se hace difícil aterrizar con el dedo del pie apuntando hacia arriba. Por lo tanto, debemos tratarlas con gentileza. Si no lo hace, seguramente desarrollará fracturas de espinilla y sabrá de primera mano cómo este pequeño y diminuto músculo puede causar grandes problemas. El **Estiramiento de Espinilla de Pié** es una forma de cuidarlo. Sin embargo, tenga cuidado de no exagerar; de lo contrario, el músculo sufrirá.

POSICIÓN DEL CUERPO

Mantenga el equilibrio cerca de un poste o una pared. Deje caer su peso sobre la pierna de apoyo.

PASOS

A) Toque el suelo, atrás, con la punta del pié que realizará el estiramiento. Arrástrelo un poco hacia delante hasta el punto en el que está a punto de avanzar.

B) Manténgalo en esta posición (Figuras 5-65 y 5-66). Debe sentir que los músculos de la espinilla se alargan y se aflojan.

No se apoye sobre el pie que está estirando como se muestra en la Figura 5-67.

FIGURA 5-65　　FIGURA 5-66　　FIGURA 5-67

ESTIRAMIENTO ESPINILLA, SENTADO

El Estiramiento de *Espinilla, Sentado* es bastante efectivo, pero tiene inconvenientes. Por un lado, debe sentarse en el suelo. Si está en medio de una competencia, esto es particularmente inconveniente. La otra desventaja es que necesita estar sobre césped, o tener unas rodillas muy duras. Sin embargo, este estiramiento es bastante eficaz para aflojar las espinillas con exceso de trabajo, ayudando de esta manera, a desarrollar un movimiento correcto del pie.

POSICIÓN DEL CUERPO

Sentado sobre el césped o alfombra, con las piernas dobladas directamente debajo de los muslos.

PASOS

A) Vea Figuras 5-68 y 5-69. Observe que los cordones de sus zapatos tocan el suelo.
B) Use una mano para apoyar su peso, y la otra para levantar su rodilla.
C) Este levantamiento le hará sentir un estiramiento a lo largo de su espinilla.
D) Sosténgalo de 20 a 30 segundos, y luego cambie de pierna.

FIGURE 5-68

FIGURE 5-69

ESTIRAMIENTO POSTERIOR DE LA RODILLA

A veces, dolores aparecen de la nada, como con el dolor detrás de la rodilla. A veces, la marcha agrava esta área y el dolor se cuela tan lentamente que uno no se da cuenta hasta que es demasiado tarde. Con un dolor detrás de la rodilla, es muy difícil enderezar la rodilla correctamente. Evite este problema, potencialmente doloroso, agregando el *Estiramiento Posterior de la Rodilla* a su rutina de enfriamiento.

POSICIÓN DEL CUERPO

Sentado sobre el suelo, coloque una pierna recta delante de usted. Doble la rodilla de la pierna contraria, colocando el pie en la parte interna del muslo opuesto, formando un triángulo.

PASOS

A) Manteniendo la espalda recta, doble las caderas e inclínese hacia su dedo del pie en frente (Figura 5-70).
B) Si la flexibilidad de los isquiotibiales lo permite, jale los dedos de sus pies hacia su cuerpo.
C) Si no tiene tanta flexibilidad en los isquiotibiales y no puede alcanzar sus dedos del pie, use una toalla o cuerda para extender su alcance (Figura 5-71) y ¡afloje esos isquiotibiales!

FIGURA 5-70

FIGURA 5-71

ESTIRAMIENTO TRADICIONAL DE ISQUIOTIBIALES

La flexibilidad de los isquiotibiales es la clave para una técnica de marcha eficiente, y es aún más importante para marchistas con problemas de flexión de rodilla. La forma más sencilla de estirar los isquiotibiales es realizar el estiramiento *Tradicional de los Isquiotibiales* como una actividad de enfriamiento o después de haber calentado adecuadamente.

POSICIÓN DEL CUERPO

Sentado, con una pierna estirada delante de usted.

PASOS

A) Doble la otra pierna con la planta del pie orientada hacia la pierna recta y la rodilla apuntando hacia afuera.
B) Manteniendo la espalda recta, inclínese hacia adelante desde las caderas, alcanzando los dedos de sus pies (Figura 5-72).
C) Idealmente, debería alcanzar sus dedos de los pies, pero recuerde no sobre-estirar o rebotar al intentar tocarlos; manténgase dentro de su zona de confort.
D) Mantenga el estiramiento durante 20-30 segundos, y repita 2-3 veces con cada pierna.

FIGURA 5-72

ESTIRAMIENTO
ISQUIOTIBIALES DE PIÉ

Muchas veces, sentarse en el suelo para estirar se hace inconveniente. Mejor intente el estiramiento de *Isquiotibiales de Pié*.

POSICIÓN DEL CUERPO

Coloque su pie en un banco o mesa a una altura cómoda, de manera que se encuentre lo suficientemente atrás para enderezar la pierna cómodamente.

PASOS

A) Con la espalda recta, inclínese hacia adelante, sin doblar la rodilla.
B) Alcance los dedos de sus pies y sostenga apenas comience a sentir el estiramiento. También puede optar por sujetarse detrás de la pierna (Figura 5-73).
C) Mantenga el estiramiento durante 20-30 segundos, y repita 2-3 veces con cada pierna.

FIGURA 5-73

MARCHISTAS EN ACCIÓN

IAAF CAMPEONATO DEL MUNDO 2013, MOSCÚ, RUSIA, 50KM

Pérdida de Contacto

La definición de la marcha olímpica ha cambiado a lo largo de los años. Sin embargo, desde el cambio que ocurrió en 1996 en la definición de la marcha, la determinación de si un marchista pierde contacto con el suelo se ha vuelto más subjetiva.

ANTES DE 1996

LA MARCHA OLÍMPICA ES UNA PROGRESIÓN DE PASOS TOMADOS DE MANERA TAL QUE EL CONTACTO ININTERRUMPIDO CON EL SUELO SE MANTIENE EN CADA PASO, EL PIE QUE AVANZA DEBE HACER CONTACTO CON EL SUELO ANTES DE QUE EL PIE DE APOYO ABANDONE EL SUELO.

1996 AL PRESENTE

LA MARCHA OLÍMPICA ES UNA PROGRESIÓN DE PASOS TOMADOS DE MANERA TAL QUE EL MARCHISTA HACE CONTACTO CON EL SUELO, SIN HACER PÉRDIDA DE CONTACTO VISIBLE AL OJO HUMANO.

Debido al cambio en la definición, "el marchista hace contacto con el suelo, sin hacer pérdida de contacto visible al ojo humano", ahora es imposible establecer cuantitativamente si un marchista está violando la definición de la marcha.

Lo que un ojo humano percibe, otro no.

Cuando un marchista tiene contacto visible con el suelo, la respuesta es fácilmente cuantificable, a diferencia de buscar una pérdida de contacto visible. Analizemos la siguiente imagen. La marchista en la Figura 6-1 tiene una fase de doble soporte bastante pronunciada. Cuando el pie que avanza entra en contacto con el suelo, el pie de apoyo aún no se ha despegado del suelo. Se observa que hay un período prolongado en el que ambos pies están en contacto con el suelo. Esta fase extendida de doble soporte permite al juez discernir fácilmente un contacto visible.

En contraste, si observamos al marchista en la Figura 6-2, es más difícil discernir con el ojo humano si hay una pérdida de contacto. Ella todavía tiene contacto con ambos pies, pero es solo por un instante. Observe cómo apenas el pie de ataque toca el suelo, el pie trasero ya está de puntillas para continuar el movimiento rápidamente. Esto hace que sea difícil para un juez observar con precisión si el marchista tiene una pérdida de contacto visible.

Un juez calificado debe ser capaz de identificar a estos marchistas, ajustándose a la vieja o a la actual definición de la marcha. La diferencia sería que con la nueva definición, el juez no está buscando un contacto visible sino una pérdida de contacto visible.

Sin embargo, la decisión de legalidad se vuelve más borrosa a medida que el paso de un marchista contiene una minúscula pérdida de contacto. Usando videos de alta velocidad, podemos estimar fácilmente la fase de vuelo de un marchista. La marchista que se muestra fué filmada con una cámara que captura 240 imágenes por segundo (ips). Por cada captura que el marchista no tiene contacto con el suelo, su tiempo de vuelo estimado aumenta .0041 segundos.

En los viejos tiempos, cuando los videos se grababan en una cinta, se grababan 24-30 imágenes por segundo. Por lo tanto, al no tener contacto con el suelo durante más de 1 fotograma y menos de 2 fotogramas, se aproximó a estar fuera del suelo por aproximadamente .033 segundos, y así se consideró el límite para discernir si un marchista tenía fase de vuelo. Esta estimación fué subjetiva. Si lo usamos como barómetro, es probable que el ojo humano no detecte entre 7 y 8 imágenes de vuelo con una cámara de 240ips.

Primero, observemos diferentes tiempos de vuelo en un marchista. Si bien no es justo juzgar por una foto fija, aún podemos tener una conversación objetiva sobre las siguientes tres imágenes.

La marchista en la Figura 6-4 está apenas levantada del suelo. Si bien hay una fase de vuelo visible para la cámara, no es perceptible ni para el ojo humano más agudo. La marchista en la Figura 6-5 ha perdido contacto con el suelo por 4 o 5 fotogramas. Si bien la agudeza óptica de cada juez varía, probablemente es seguro decir que esto no se notaría al ojo humano. La marchista en la Figura 6-6 está despegada del suelo por más de 8 cuadros. Aquí, ella está bastante cerca de poder ser descalificada, pero aún así, todavía no está por encima del límite de fotogramas para ser visible al ojo humano.

Para algunos, esto puede parecer excesivamente generoso. Los jueces tienen un trabajo muy difícil y por eso, en la mayoría de los casos, se requiere que más de un juez descalifique a un marchista.

En la presentación Cinemática de la Marcha Olímpica Élite, Brain Hanley estudió a los marchistas en la Copa del Mundo 2008. Se midieron los tiempos de vuelo de 30 atletas en los 20 km masculino. De los cuales, 3 atletas no tuvieron fase de vuelo visible, 15 atletas tuvieron al menos .02 segundos de pérdida de contacto, y 12 atletas tuvieron una pérdida de contacto durante al menos .04 segundos. Estas mediciones se realizaron con una cámara de 50ips, por lo que los tiempos de vuelo del atleta podrían ser casi .02 segundos más altos que los medidos. Podría estar cuestionando si .04 segundos es todavía bastante generoso. Sin embargo, ninguno de los marchistas estudiados fueron descalificados. Por lo tanto, puede ser que nuestra estimación de .033 segundos sea significativamente menor de lo que los jueces entrenados pueden detectar.

Si eres nuevo en la marcha, a menos que provengas de un entorno muy atlético, probablemente no tendrás pérdida de contacto inicialmente. Si tiene alguna inquietud, puede pedirle a alguien que lo grabe con una cámara de alta velocidad, incluso un teléfono inteligente, y cuente los fotogramas. Es recomendable que lo haga con una luz bastante brillante para ayudar a que la cámara exponga sus pies claramente.

Corrigiendo la Pérdida de Contacto

Si bien es fácil decir simplemente "reduzca la velocidad", hay muchos aspectos de su zancada en los que puede concentrarse en mejorar, sin bajar la velocidad.

Si puede hacer estos cambios, es posible que no tenga que disminuir la velocidad para reducir la percepción de la fase de vuelo.

Si usted va al lado de otro u otros marchistas, será más fácil para un juez determinar si sus pasos van más arriba o más alto que los otros, y si usted tiene un movimiento excesivo en todo el cuerpo, atrayendo la atención no deseada de los jueces.

Tener los hombros moviéndose arriba abajo, cabeza rebotando y brazos agitándose, es innecesario e ineficiente. Además de desperdiciar energía, pueden contribuir a la percepción de que usted está flotando significativamente. Los jueces no determinan si estás violando la definición basada en un movimiento excesivo, pero pueden usarla como una razón para observarle más en detalle.

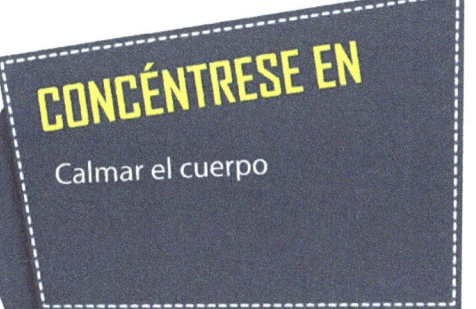

CONCÉNTRESE EN

Calmar el cuerpo

Concéntrese en calmar su cuerpo. Intente marchar frente a un espejo en una caminadora mientras reduce el movimiento excesivo del cuerpo. Concéntrese en avanzar hacia adelante, no hacia arriba o de lado a lado. La retroalimentación recibida al marchar frente a un espejo ayuda a mejorar su forma.

FIGURA 6-7

CONCÉNTRESE EN

Bajar el movimiento de la pierna

Un problema común de los marchistas que reciben faltas por fase de vuelo, es la manera en que llevan su pierna cuando se mueve hacia adelante. Un avance de pie y rodilla bajo es crucial para una técnica eficiente. También es fundamental para parecer legal.

Los marchistas que galopan hacia adelante, llevando sus rodillas hacia arriba, involuntariamente mueven su pie hacia adelante más alto del suelo. La diferencia puede ser solo una cuestión de una pulgada o dos, pero esa diferencia parece dramática para un juez.

Observe las figuras 6-8 y 6-9, donde Miranda simula un ligero cambio en el estilo al elevar la rodilla. Cuando dibujamos una línea horizontal a la altura del talón, podemos ver que ella está llevando su pie más alto en la Figura 6-8. También observamos otros cambios en la posición de su cuerpo. Inconscientemente, ella se inclina hacia adelante y aumenta excesivamente el rango de movimiento de sus brazos.

Enfocarse en avanzar hacia adelante con una posición baja del pie y rodilla, es una de las claves para reducir la posibilidad de una tarjeta por fase de vuelo.

FIGURA 6-8

FIGURA 6-9

CONCÉNTRESE EN

Mantener un buen soporte de brazos

Llevar un exceso de zancada delante del cuerpo también le hace tener fase de vuelo. Cuando excede su zancada llegando bastante lejos frente a su cuerpo, su pie cuelga en el aire, flotando, siendo visible ante los jueces. A menudo, esto se debe a que los brazos se mueven demasiado hacia adelante o hacia atrás del cuerpo.

Concéntrese en mantener un buen soporte de brazos, y sus piernas se alinearán conjuntamente.

Esta elevación del pie también puede ser causado por el avance de la pierna en lugar de las caderas. Concéntrese en mantener la pierna que avanza hacia abajo, cuando ésta pase por debajo del torso.

Observe cómo cuando Miranda se desplaza en exceso en la Figura 6-10, endereza su pierna, pero no ha puesto su pie de ataque sobre el suelo ni se ha levantado sobre el pie de atrás. En contraste, en la Figura 6-11, el pie de ataque golpea el suelo al mismo tiempo que la pierna se endereza y el pie de apoyo se levanta sobre los dedos de los pies. También se puede observar que cuando ella exagera el paso, el ángulo de su pierna es mayor, lo que lleva a una acción de frenado indeseable.

Además de concentrarse en los aspectos mentales que causan su fase de vuelo, también puede trabajar en las causas físicas que conducen a una fase de vuelo visible. Dos de los principales responsables son la falta de flexibilidad en las caderas y tener los isquiotibiales tensos. Practicar los siguientes ejercicios le hará mejorar enormemente su rango de movimiento y le ayudará a alargar el paso detrás de su torso.

FIGURA 6-10

FIGURA 6-11

EJERCICIO
VALLA

El ***Ejercicio de Valla*** ayuda a mejorar la flexibilidad de la cadera y la ingle, durante el calentamiento antes del entrenamiento.

POSICIÓN DEL CUERPO

Apoyado contra una pared o árbol.

PASOS

A) De pié y mirando al frente, al lado de una valla de atletismo o cualquier obstáculo, mueva una pierna hacia adelante y hacia arriba, luego hacia atrás y alrededor (Figuras 6-12 a 6-16).
B) Use el brazo de alguien actuando como obstáculo si es posible (Figura 6-17).
C) El rango de movimiento es la clave para realizar este ejercicio correctamente. Asegúrese de extender un círculo lo más grande posible desde su cadera.
D) Realice este ejercicio 10-15 veces en cada pierna.

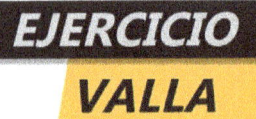

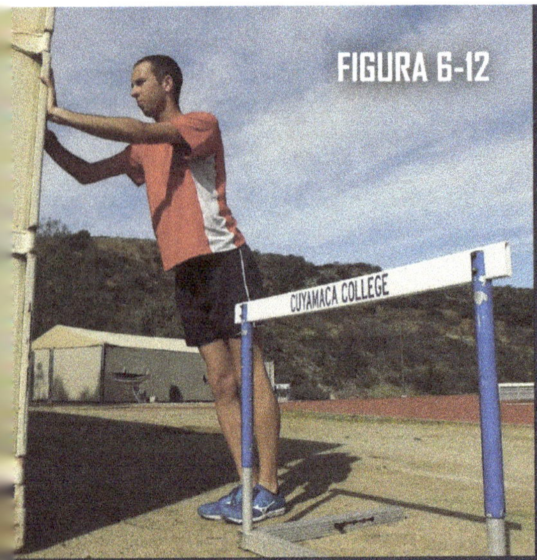

FIGURA 6-12

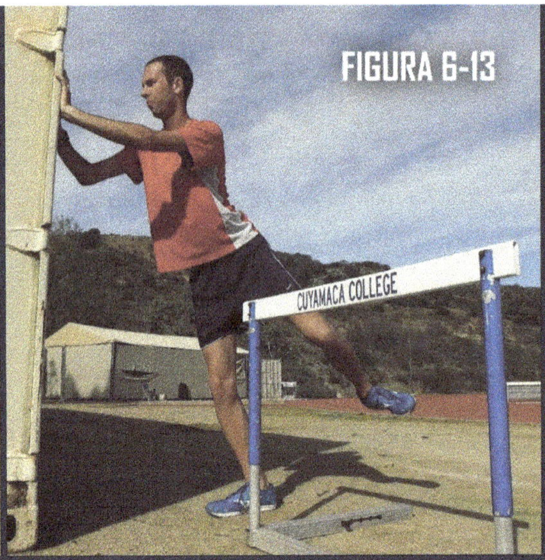

FIGURA 6-13

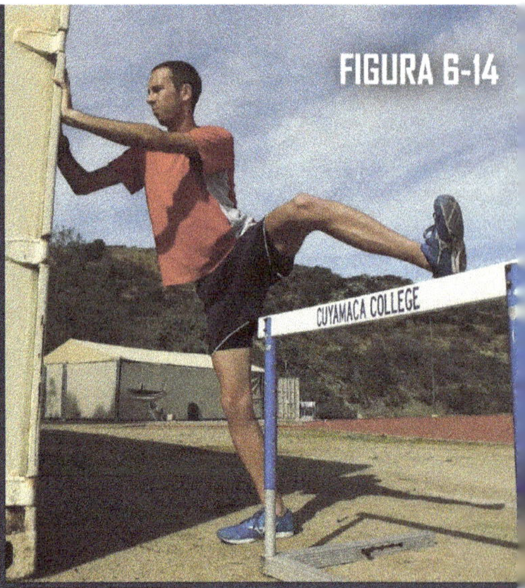

FIGURA 6-14

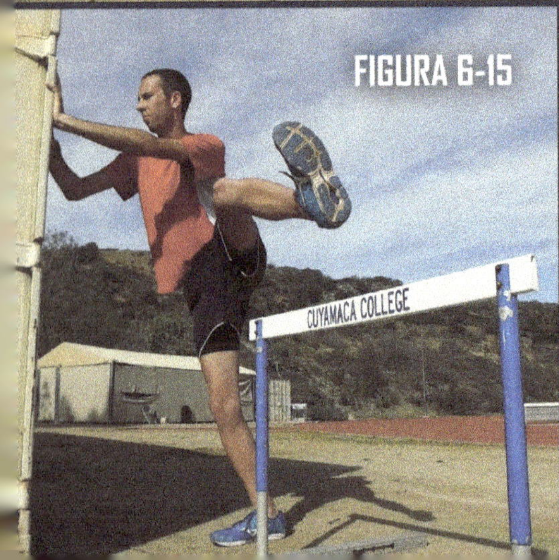

FIGURA 6-15

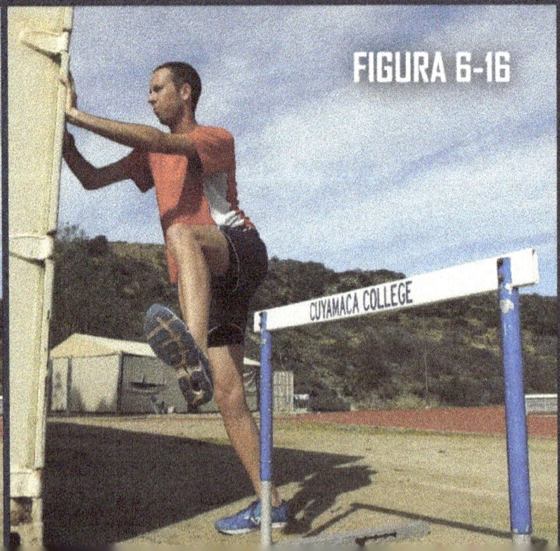

FIGURA 6-16

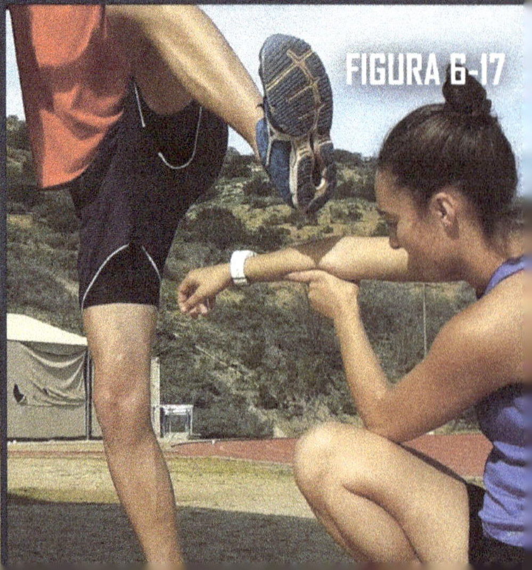
FIGURA 6-17

EJERCICIO
GIRATORIO LATERAL DE LA PIERNA

De nuevo, nuestro mantra es que la rotación de la cadera hacia delante es clave para controlar la fase de vuelo. Aumentar el rango de movimiento de las caderas le da al atleta más tiempo para bajar su pie antes de que el pie de apoyo se levante del suelo.

El *Ejercicio Giratorio Lateral de la Pierna* ayuda a mejorar la flexibilidad de la cadera y la ingle, durante el calentamiento antes del entrenamiento.

POSICIÓN DEL CUERPO

Apoyado de sobre un poste o árbol.

PASOS

A) Balancee la pierna hacia afuera del cuerpo, empuje la pierna lo más alto que pueda (Figura 6-18).
B) Balancee la pierna hacia abajo y por delante del cuerpo, dejando que la cadera se mueva por la parte frontal del cuerpo (Figura 6-19).
C) Cuando la pierna se balancea enfrente de su cuerpo, extiéndala lateralmente hasta donde su rango de movimiento lo permita (Figura 6-20).
D) Usted puede levantar el talón de su pierna de apoyo del suelo para tener más estiramiento.
E) Vuelva a su posición inicial.
F) Repita este ejercicio 10-15 veces en cada pierna.

FIGURA 6-18 FIGURA 6-19 FIGURA 6-20

EJERCICIO
GIRATORIO FRONTAL DE LA PIERNA

El ejercicio *Giratorio Frontal de la Pierna* mejora las dos áreas clave que con mayor frecuencia se asocian con la pérdida de contacto: los isquiotibiales y la inflexibilidad de la cadera
Éste y el ejercicio *Giratorio Lateral de la Pierna* son dos ejercicios de calentamiento recomendados realizar antes de empezar a marchar.

POSICIÓN DEL CUERPO

Sosténgase de un poste o árbol para mantener el equilibrio.

PASOS

A) Extienda brazo y pierna opuestas (Figura 6-23).
B) Balancee la pierna y la cadera debajo del cuerpo, mientras balancea el brazo al sentido contrario (Figura 6-22).
C) Suba la rodilla lo más alto que pueda, mientras extiende su brazo opuesto detrás de su cuerpo (Figura 6-21).
D) Vuelva a su posición original e invierta el movimiento de su brazo y pierna.

Repita el ejercicio 10-15 veces en cada pierna.

FIGURA 6-21 FIGURA 6-22 FIGURA 6-23

Los siguientes ejercicios fueron introducidos en capítulos anteriores.

EJERCICIO: CALENTAMIENTO DE LOS ISQUIOTIBIALES

Todos necesitamos estirar nuestros isquiotibiales un poco más. Tenerlos tensos dificulta la técnica de marcha haciendo que el pie de apoyo se levante del suelo prematuramente, lo que provoca una fase de vuelo.

Este ejercicio es una excelente manera de lograr un mejor rango de movimiento de sus isquiotibiales, mientras los calienta antes del entrenamiento.

Vea el Capítulo 5, página 48.

EJERCICIO: ZANCADAS LARGAS, BRAZOS LARGOS

Este ejercicio provee varios beneficios. Desde una perspectiva de legalidad, la falta de rotación de la cadera tiene el mismo efecto que tener los isquiotibiales tensos; haciendo que su pie de apoyo se levante del suelo prematuramente. A menudo, esto se debe a tener los flexores de la cadera bastante tensos.

La belleza de este ejercicio es que aumenta el rango de movimiento de la cadera de una manera específica para la marcha. A veces, la falta de rotación de cadera hacia adelante en marchistas principiantes se debe a la dificultad de entender cómo se debe sentir la rotación de cadera.

La técnica de **Zancadas Largas, Brazos Largos** ayuda a marchistas principiantes a exagerar el movimiento de su cadera con cada zancada. Este ejercicio es una excelente manera de bombear sangre a todas las extremidades rápidamente.

Vea el Capítulo 5, página 47.

ESTIRAMIENTO ACOSTADO PARA LOS ISQUIOTIBIALES

Es posible que marchistas con isquiotibiales muy tensos o problemas en la zona lumbar deseen comenzar utilizando el **Estiramiento Acostado** como un estiramiento de baja tensión después del calentamiento.

POSICIÓN DEL CUERPO

Acostado en el suelo con piernas extendidas.

PASOS

A) Levante una pierna, manteniéndola tan recta como pueda (Figura 6-24). Cuanto más flexible sea, más cerca de su torso debería poder estirar su pierna.
B) Tenga cuidado de no levantar la otra pierna del suelo.
C) Idealmente, la pierna que está estirando debe estar perpendicular al suelo. Sin embargo, siempre estire dentro de sus propios límites.
D) Puede usar una cuerda o una toalla para ayudar a estirar mejor.
E) Mantenga el estiramiento durante 20-30 segundos y repita 2-3 veces con cada pierna.

FIGURA 6-24

ESTIRAMIENTO
ISQUIOTIBIALES TOCANDO LOS PIES

¿Recuerda que le pidieron que se agachara y se tocara los dedos de los pies en la clase de gimnasia? Buena idea, mala ejecución. Agacharse así podría causar estrés en la zona lumbar. Evite problemas usando el estiramiento de *Isquiotibiales Tocando los Pies*.

POSICIÓN DEL CUERPO

En lugar de estar parado derecho, recuéstese sobre una pared o poste.

PASOS

A) Manteniendo el equilibrio contra la pared, coloque sus pies a una distancia aproximada de seis pulgadas a un pie (de 15 cm a 30 cm).
B) Continúe apoyado contra la pared mientras se agacha. Levante los dedos de los pies y trate de tocarlos (Figuras 6-25 a 6-27).
C) Concéntrese en evitar flexionar sus piernas.
D) Esta posición reduce el estrés en la espalda y evita forzar el nervio ciático, uno de los nervios más largos de su cuerpo.
E) Mantenga el estiramiento durante 20-30 segundos y repita 2-3 veces.

FIGURA 6-25　　　FIGURA 6-26　　　FIGURA 6-27

ESTIRAMIENTO AVANZADO DE ISQUIOTIBIALES TOCANDO LOS PIES

A veces no es conveniente apoyarse contra una pared o sentarse en el suelo cuando necesita estirar los isquiotibiales. El estiramiento **Avanzado de Isquiotibiales Tocando los Pies** es parecido al anterior, aunque no requiere de una pared.

POSICIÓN DEL CUERPO

De pié, derecho, cruzando los pies.

PASOS

A) Mantenga sus glúteos alineados sobre sus pies para eliminar el estrés en su zona lumbar, agáchese e intente tocar sus dedos de los pies. Concéntrese en evitar flexionar las piernas.
B) Alcance tan lejos como pueda, sin causar dolor (Figuras 6-28 y 6-29).
C) Mantenga el estiramiento durante 20-30 segundos.
D) Cruce los pies de la manera opuesta y repita pasos A-C.

FIGURA 6-28 FIGURA 6-29

ESTIRAMIENTO
ISQUIOTIBIALES ESTILO YOGA

Avanzando a los *Isquiotibiales Estilo Yoga*, estirará lentamente su cuello, espalda e isquiotibiales conjuntamente.

POSICIÓN DEL CUERPO

Comience en la misma postura que con el Estiramiento del Isquiotibiales Tocando los Pies. Luego, baje solo la cabeza, y acerque la barbilla hacia el pecho (Figura 6-31).

PASOS

A) Lentamente, doble su parte superior del cuerpo hacia abajo y lejos de la pared (Figura 6-32).
B) Gradualmente, deje que sus manos caigan a sus lados. Avance lentamente bajando las manos hacia los dedos de los pies. Tóquelos si puede. Trate de tomar 20-30 segundos para llegar hasta este punto.
C) Finalmente, cuelgue durante otros 10 a 20 segundos antes de revertir el proceso (Figura 6-35).
D) Levántese del estiramiento muy gradualmente, concentrándose en la sensación de apilar sus vértebras a medida que avanza hacia arriba.

ESTIRAMIENTO
TRADICIONAL DE ISQUIOTIBIALES

Los siguientes ejercicios fueron introducidos en capítulos anteriores.

El estiramiento *Tradicional de Isquiotibiales* es un estiramiento bastante efectivo y un excelente enfriamiento después del entrenamiento. Trabajar en tener los isquiotibiales fuertes pero no tensos le hará minimizar los problemas de pérdida de contacto. Consulte el capítulo 5, página 64.

ESTIRAMIENTO
ISQUIOTIBIALES DE PIÉ

A veces, sentarse en el suelo para estirar los isquiotibiales no es muy conveniente. En su lugar, intente estirarlos con el estiramiento de *Isquiotibiales de Pié*. Consulte el capítulo 5, página 65.

MARCHISTAS EN ACCIÓN

IAAF COPA MUNDIAL DE MARCHA 2013, CHIHUAHUA, MÉXICO, 20 KM

Reduciendo el Doble Soporte Excesivo

Una vez que haya dominado la técnica legal de la marcha, existen todavía muchos otros ajustes necesarios para alcanzar una técnica ideal y eficiente. Empecemos observando un problema común en marchistas principiantes.

Cuando los marchistas aprenden la técnica por primera vez, no suelen exhibir el momento ideal en el que el talón toca el suelo, o el impulso con los dedos del pie, o la más breve de las fases de contacto.

En cambio, la falta de fuerza, flexibilidad y quizás demasiado peso alrededor de la barriga conducen a una fase de doble soporte, excesivamente larga, en la que ambos pies están en el suelo al mismo tiempo.

Marchistas élite, a menos que estén exhaustos, caminan con ninguna o una mínima fase de doble soporte. Una transición suave del pie de apoyo que se empuja del suelo hacia adelante es imprescindible. Si su pie delantero y su pie trasero están en contacto con el suelo durante un período prolongado, entonces, ocurrirá que su pie trasero estará empujando hacia delante (Figura 7-1) y su fuerza será contrarrestada por la acción de frenado de su pie delantero (Figura 7-2). Esto agrega estrés y puede causar lesiones.

FIGURA 7-1 ✗

FIGURA 7-2 ✗

La concentración y ejercicios de técnica ayudan a corregir la excesiva fase de doble soporte.

CONCÉNTRESE EN
Aumentar su cadencia

Concéntrese en aumentar la frecuencia de sus pasos, aumentando su cadencia. Los marchistas élite caminan a un promedio de aproximadamente 200 pasos por minuto. Un marchista principiante promedia cerca de 150 pasos por minuto. Con un poco de trabajo, puede reducir esta brecha.

CONCÉNTRESE EN
Rotar la cadera hacia delante

Volviendo otra vez, todo está en la cadera. Rotar su cadera alarga efectivamente su zancada detrás del cuerpo. Esa es una de las razones que las personas pasan por alto cuando tratan de lograr una mayor longitud de zancada. Sin embargo, llegando tan adelante del cuerpo como se pueda no significa que está impulsando su cuerpo hacia adelante. En realidad, usted está desacelerando su progreso. Al contrario, si la longitud de su zancada aumenta debido a la buena rotación de la cadera, el aumento de su zancada caerá detrás del cuerpo, donde le ayudará a impulsarle hacia adelante.

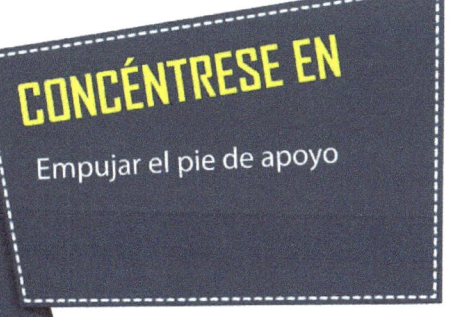

CONCÉNTRESE EN
Empujar el pie de apoyo

Agregue un poco de empuje a su zancada, empujando su dedo gordo del pie. Al empujar el dedo gordo del pie, cuando su pie está detrás del torso, impulsa su cuerpo hacia adelante con más fuerza. Ésta fuerza adicional ayuda a reducir la fase de doble soporte. Sin embargo, tenga cuidado. Si se impulsa prematuramente, su cuerpo se empujará hacia arriba en lugar de avanzar.

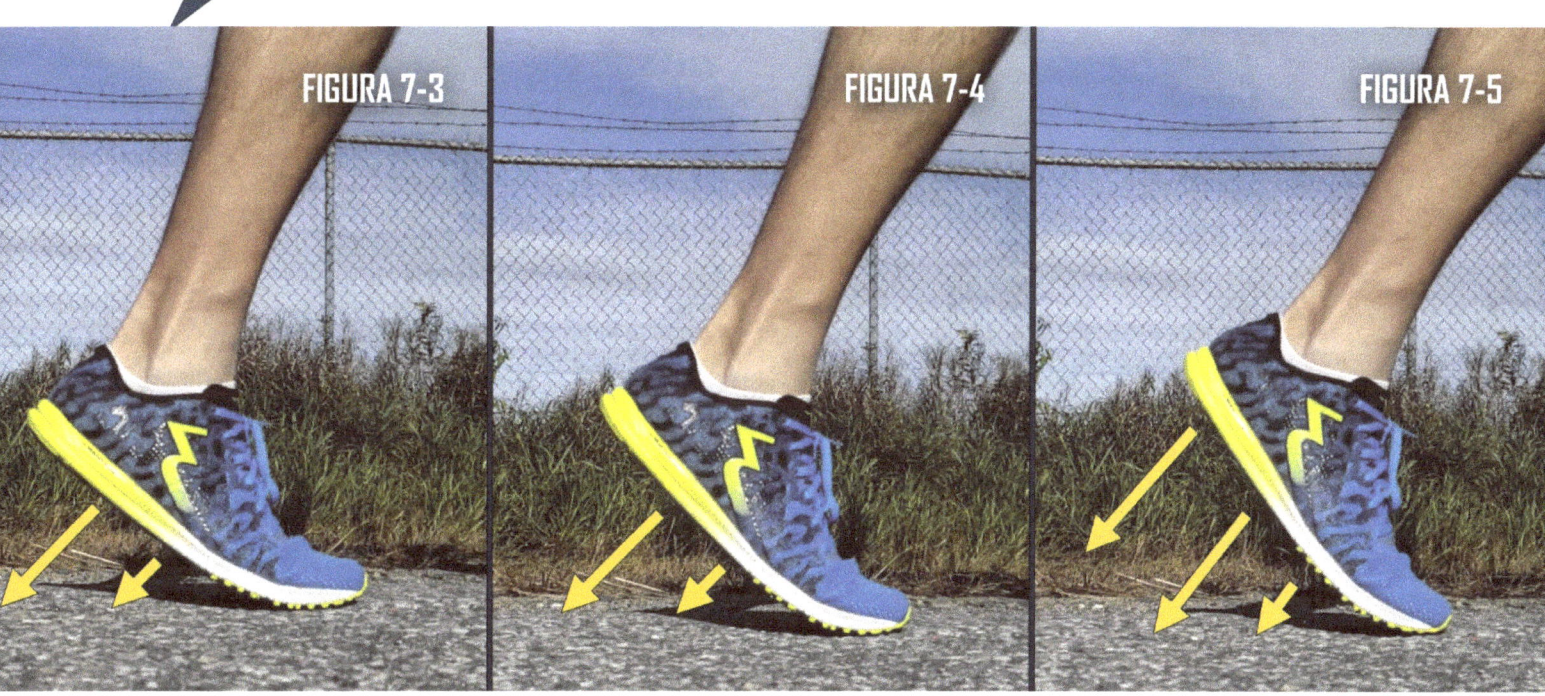

FIGURA 7-3   FIGURA 7-4   FIGURA 7-5

El entrenamiento le hace mejorar su técnica ya sea que le haga falta velocidad en las piernas o que tenga sobrepeso. Obviamente, más entrenamiento puede llevar a una mayor pérdida de peso y por lo tanto una mejor técnica. Si le falta velocidad en las piernas, agregue un entrenamiento de velocidad/ritmo una vez a la semana.

CONCÉNTRESE EN
Entrenar, entrenar, entrenar

Uno de nuestros entrenamientos favoritos es el entrenamiento de Bohdan Bulakowski de series de 100, 200 y 300 metros con 100 metros de recuperación entre tramos. Este es un gran entrenamiento para aumentar el movimiento rápido de las piernas. Consulte el libro *Marche Más Rápido de Training Smarter* para obtener información más detallada sobre entrenamientos.

EJERCICIO
PASOS RÁPIDOS

Existen cuatro variaciones del ejercicio de **Pasos Rápidos** que ayudan a aumentar la cadencia, aumentar la rotación de la cadera, y reducir el exceso de zancada. Además, este ejercicio le permite practicar cómo levantar los dedos de los pies. También le obliga a enderezar la rodilla lo más rápido posible. Cada variación de la técnica consiste en los mismos pasos básicos.

POSICIÓN DEL CUERPO

Marchando con la técnica apropiada.

PASOS

A) Marche con pasos bien cortos, de 12 pulgadas o menos (~30 cm).
B) Concéntrese en rotar la cadera, obligando a sus pies a subir y bajar rápidamente (Figuras 7-6 a 7-8).
C) Concéntrese en caer con el talón, aterrizando con el dedo del pie hacia arriba y completando el movimiento del pié suavemente.
D) Concéntrese en calmar sus hombros y torso.

Las dos primeras versiones de Pasos Rápidos son colocar las manos detrás de la espalda (figura 7-9) o detrás de la cabeza (figura 7-10). Esto hace que la cadera se vea obligada a moverse sin la ayuda de los brazos, lo que también ayuda a desarrollar la rotación de la cadera hacia adelante por sí sola.

FIGURA 7-6 FIGURA 7-7 FIGURA 7-8

También puede probar la variación de **Superman** (Figura 7-11) donde coloca sus brazos extendidos a la altura de sus hombros enfrente a su cuerpo, y mantiene su cabeza lo más estable posible. El movimiento excesivo de la cabeza puede también hacer que los jueces piensen que usted se está elevando del suelo. Por lo tanto, esta es una buena práctica no solo para el movimiento de los pies, sino también para el de la cabeza.

Una última variación de **Pasos Rápidos** es la del **Avión** (Figura 7-12) donde coloca sus brazos extendidos a los lados. Esto ayuda a llevar una rotación de cadera hacia adelante.

MARCHISTAS EN ACCIÓN

JUEGOS MILLROSE 2010, NYC, NUEVA YORK, 1 MILLA

Corrigiendo la Mínima Rotación de Cadera

   La cadera es el motor principal que impulsa su cuerpo hacia adelante. Por lo tanto, la marcha puede resultar increíblemente frustrante para principiantes que parecen no sentir el movimiento correcto de la cadera. Decir "use más su cadera" solo cae en oídos sordos. Marchistas con movimientos mínimos de cadera necesitan ejercicios para ayudarlos a aprender el movimiento. También existen marchistas con movimientos de cadera, pero en direcciones equivocadas.

A continuación le mostraremos cómo corregir ambos problemas. Si tiene dificultades para sentir el movimiento adecuado de la cadera, intente dos ejercicios que le ayudarán a sentir la rotación hacia adelante.

EJERCICIO: VAMPIRO EN UN ATAÚD

Revise el ejercicio de técnica en el que trabajamos la cadera actuando como un vampiro en el Capítulo 4, Página 30.

EJERCICIO: PISTOLERO

Revise el ejercicio de técnica o analogía donde pretendemos ser un pistolero en el viejo oeste para imitar la rotación de la cadera hacia adelante en el Capítulo 4, Página 31.

MARCHISTAS EN ACCIÓN

IAAF CAMPEONATO DEL MUNDO 2017, LONDRES, INGLATERRA, 50KM

EJERCICIO
EXTRAVAGANTE DE CADERA

El ejercicio *Extravagante de Cadera* estira la cadera de una manera consistente con la técnica de marcha mejorando la fluidez del movimiento.

POSICIÓN DEL CUERPO

De pié, en posición de fase de doble soporte de la marcha.

PASOS

A) Con la pierna derecha hacia adelante y los brazos detrás de la espalda, levante los dedos del pie derecho, y caiga con el talón.
B) Cambie su peso a esa pierna, asegurándose de que su pierna esté estirada.
C) Empuje su cadera hacia la derecha y hacia afuera, de modo que su banda TI derecha (banda iliotibial, tejido fibroso que redondea la parte lateral del muslo desde la cadera hasta la rodilla) (Figura 8-1).
D) Invierta el movimiento en la otra pierna (Figura 8-2).
E) Marche hacia adelante repitiendo el ejercicio durante 30 metros.

EJERCICIO
BRACEO CON LIGAS

No hay nada mejor que realizar un ejercicio con el mismo movimiento de la marcha. El mejor ejercicio de brazos para marchistas es practicar el braceo con bandas elásticas (ligas) para así desarrollar el correcto uso de la cadera. La fuerza del braceo obliga a una mayor rotación de la cadera. También, si se realiza frente a un espejo, este ejercicio le ayudará a desarrollar el correcto movimiento de los brazos.

POSICIÓN DEL CUERPO

Amarre una banda elástica alrededor de un poste (o algo estable), y coloque cada extremo en sus manos.

PASOS

A) Mueva sus brazos hacia adelante y hacia atrás con todo su rango de movimiento de braceo que realiza cuando marcha.
B) Contrarreste el balanceo de su brazo empujando la cadera opuesta hacia adelante (Figuras 8-3 y 8-4).
C) ¡Recuerde mantener los hombros relajados!
D) Repita este ejercicio por 2 a 10 minutos.

FIGURA 8-3   FIGURA 8-4

ESTIRAMIENTO DE TIM

Como Tim no recuerda de dónde aprendió este estiramiento flexor de la cadera ni cómo se llamaba, ahora lo reclama por su propio nombre. Una buena amplitud del flexor de cadera es la clave para una buena rotación de cadera hacia adelante.

POSICIÓN DEL CUERPO

Sentado en el suelo con su peso apoyado en la pierna derecha doblada.

PASOS

A) Coloque su pierna izquierda detrás del cuerpo y dóblela en la rodilla a aproximadamente 90 grados.
B) Use su codo derecho para soportar el peso de la parte superior de su cuerpo.
C) Levante el codo izquierdo por encima de la cabeza y arquee la espalda, mientras también empuja su cadera izquierda hacia adelante (Figura 8-5). Este ejercicio dibuja una línea larga desde la cadera izquierda hasta el codo izquierdo, permitiendo un gran estiramiento desde el flexor de la cadera izquierda hasta el tríceps izquierdo.
D) Repita con el lado contrario de su cuerpo.

FIGURA 8-5

ESTIRAMIENTO LATERAL

El Estiramiento *Lateral* proporciona un buen estiramiento desde donde la banda TI se conecta con la rodilla, hasta el codo. El estiramiento de esta área facilita una buena rotación de la cadera.

POSICIÓN DEL CUERPO

De pié, con los pies juntos.

PASOS

A) Agarre su codo derecho con la mano izquierda.
B) Doble la rodilla izquierda mientras mantiene la rodilla derecha recta.
C) Sostenga por 20-30 segundos (Figura 8-6).
D) Vuelva a la posición vertical.
E) Repita 2-3 veces, por un lado, luego cambie y repita en el otro lado.

FIGURA 8-6

ESTIRAMIENTO LATERAL AVANZADO

El Estiramiento *Lateral Avanzado* es otra versión del estiramiento lateral que mejora la extensión lateral y la banda TI.

POSICIÓN DEL CUERPO

De pié, con las piernas cruzadas una sobre la otra, con pies juntos.

PASOS

A) Agarre su codo izquierdo con la mano derecha.
B) Doble ligeramente su rodilla derecha mientras mantiene la rodilla izquierda recta.
C) Mantenga esta posición durante 20-30 segundos (Figura 8-7).
D) Vuelva a la posición inicial.
E) Repita 2-3 veces, por un lado, luego cambie y repita en el otro lado.

FIGURA 8-7

EJERCICIO
BANDA TI

El Estiramiento de la **Banda TI** es otro ejercicio para relajar la banda TI. Es importante encontrar un estiramiento que funcione para usted, ya que llegar a tener una banda TI tensa no solo restringe la rotación de la cadera hacia adelante, sino que también puede provocar lesiones en las rodillas.

POSICIÓN DEL CUERPO

De pié, con una pierna cruzada delante de la otra.

PASOS

A) Estire sus brazos hacia arriba, con manos juntas, y doble hacia un lado.
B) Inclínese en la dirección opuesta a sus manos y empuje la cadera ligeramente hacia afuera.
C) Sostenga por 20-30 segundos y repita 2-3 veces en cada lado (Figuras 8-8 y 8-9).

FIGURA 8-8   FIGURA 8-9

Corrigiendo la Caída Excesiva de Cadera

La caída excesiva de cadera es un tema difícil para algunos marchistas. Parte del problema podría ser una idea errónea del movimiento de la cadera. Mientras que la cadera tiene que moverse hacia arriba y hacia abajo, muchos marchistas asumen falsamente que debería ser un movimiento vertical más excesivo. Para ellos, corregir el problema sería una cuestión de volver a aprender el movimiento adecuado.

Otros marchistas, sin embargo, sufren de falta o desequilibrio de fuerza y flexibilidad en la cadera y en el abdomen, lo que provoca la caída excesiva de la cadera. A menudo, cuando la cadera cae, también se balancea hacia afuera. Si bien estos dos movimientos podrían ocurrir independientemente, generalmente se observan juntos. El balanceo hacia afuera compensa la caída del centro de gravedad causada por la caída de la cadera. A continuación, una serie de ejercicios y estiramientos para ayudar a corregir la caída excesiva y el balanceo de la cadera.

EJERCICIO
MARCHA SOBRE LÍNEA RECTA

Un efecto secundario de rotar la cadera hacia adelante es que sus pies aterrizan en línea recta. Por lo tanto, cuando realiza el ejercicio de **Marcha sobre Línea Recta**, literalmente, sobre una línea recta, reduce su tendencia a balancearse hacia afuera con la cadera.

POSICIÓN DEL CUERPO

Este ejercicio se realiza mientras se marcha.

PASOS

A) Marche a lo largo de una línea recta, como la línea divisora de carril de una pista de atletismo (Figuras 9-1 y 9-2).

B) Mientras marcha, concéntrese en su cadera, avanzando hacia delante mientras la pierna que avanza se mueve hacia adelante.

EJERCICIO
ZANCADAS LARGAS, BRAZOS LARGOS

Si usted se balancea hacia los lados en lugar de empujar hacia adelante, vuelva a sincronizar su cadera practicando la técnica de **Zancadas Largas, Brazos Largos**.

Consulte el capítulo 5, página 47 para conocer los pasos para completar este ejercicio.

EJERCICIO
CONCHA DE ALMEJA

El Ejercicio *de Concha de Almeja* fortalece los abductores de la cadera evitando que ésta caiga excesivamente.

POSICIÓN DEL CUERPO

Acostado de lado.

PASOS

A) Coloque sus piernas de modo que estén en una posición de concha de almeja.
B) Suba y baje la rodilla, manteniendo una V dibujada con sus piernas (Figuras 9-3 y 9-4).
C) Repita 2-3 series de 20 repeticiones con la misma pierna.
D) Repita con la otra pierna.

Para un esfuerzo adicional, coloque peso ligero en la parte superior de la pierna.

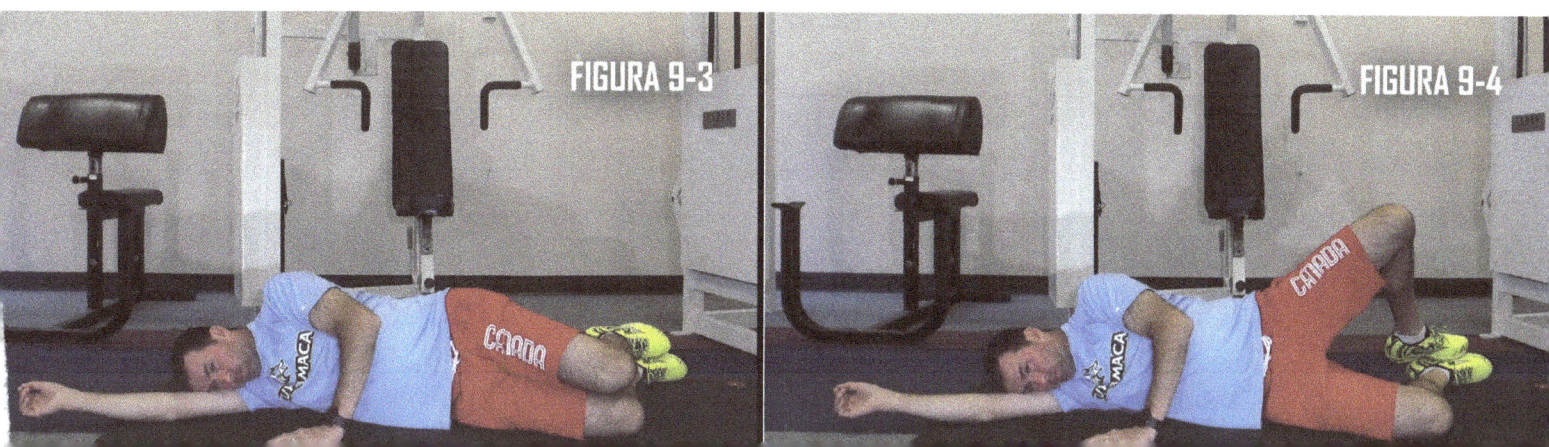

FIGURA 9-3   FIGURA 9-4

EJERCICIO
PUENTE CON BALÓN

El Ejercicio *de Puente con Balón* fortalece los músculos lumbares e isquiotibiales superiores. Este es un ejercicio complementario que ayuda, pero no es específico, a problemas de rotación de cadera.

POSICIÓN DEL CUERPO

Acostado sobre su espalda.

PASOS

A) Coloque sus pies sobre un balón de ejercicio.
B) Coloque sus brazos extendidos a sus lados.
C) Mientras exhale, levante los glúteos del piso y manténgalos presionados durante 2 a 3 segundos (Figura 9-5).
D) Mientras inhale, baje de nuevo al piso.
E) Repita hasta 20 veces, completando 2 series.

FIGURA 9-5

EJERCICIO
PIERNA CON BANDA ELÁSTICA

El ejercicio de *Pierna con Banda Elástica* fortalece los abductores de la cadera ayudando a evitar que la cadera caiga excesivamente.

POSICIÓN DEL CUERPO

Coloque una banda elástica alrededor de la parte inferior de sus piernas, y párese en posición parcial de sentadilla con las piernas separadas al ancho de sus hombros.

PASOS

A) Camine lentamente de lado a lado.
B) Tome una zancada lateral en una dirección, luego traiga su otro pie a la posición original (Figuras 9-6 y 9-7).
C) Tome precauciones para asegurarse de que cada pie se mueva a la misma distancia en cada paso.
D) Repita de 10 a 20 veces.

FIGURA 9-6   FIGURA 9-7

EJERCICIO
ELEVACIÓN LATERAL DE LA PIERNA

Para aquellos con caída excesiva de cadera, el ejercicio de **Elevación Lateral de la Pierna** fortalece los abductores de cadera sin la necesidad de ir al gimnasio. Tener los abductores débiles es una de las razones por las que la cadera cae excesivamente cuando se marcha.

Este ejercicio se puede hacer con o sin peso en los tobillos. Comience sin peso y agregue gradualmente pesos livianos, acumulando hasta el 10 por ciento de su peso corporal, pero nunca más.

POSICIÓN DEL CUERPO

Acostado de lado, con piernas extendidas. Su pierna inferior puede estar ligeramente flexionada manteniendo el equilibrio, mientras que su pierna superior debe estar completamente extendida. Su brazo inferior debe estar extendido y su brazo superior servirá de apoyo.

PASOS

A) Levante lentamente la pierna superior, manteniéndola recta, hasta unos 45 grados; manténgalo allí durante un segundo y luego bájelo gradualmente (Figura 9-8).
B) Repita este ejercicio 20 veces con una pierna, luego cambie y repita con la otra pierna.

FIGURA 9-8

EJERCICIO
ELEVACIÓN INFERIOR DE LA PIERNA

Para aquellos con caída excesiva de cadera, el ejercicio de *Elevación Inferior de la Pierna* fortalece los aductores de cadera sin la necesidad de ir al gimnasio. Tener los aductores débiles es una de las razones por las que la cadera cae excesivamente cuando se marcha.

Este ejercicio se puede hacer con o sin peso ligero en los tobillos. Comience sin peso y agregue gradualmente pesos livianos, acumulando hasta el 5 por ciento de su peso corporal, pero nunca más.

POSICIÓN DEL CUERPO

Acostado de lado, con la pierna inferior extendida en línea recta y la parte superior de la pierna apoyada sobre el suelo en una posición triangular. Su brazo inferior debe estar extendido y su brazo superior servirá de apoyo.

PASOS

A) Levante lentamente la parte inferior de la pierna, manteniéndola recta, a unos 15 grados; manténgalo allí durante un segundo y luego bájelo gradualmente (Figura 9-9).
B) Repita este ejercicio 20 veces con una pierna, luego cambie y repita con la otra pierna.

FIGURA 9-9

ESTIRAMIENTO FLEXOR DE CADERA

El Estiramiento del **Flexor de Cadera** es ideal para trabajar los flexores de cadera tensos que inhiben la rotación correcta de la cadera hacia adelante.

POSICIÓN DEL CUERPO

Coloque su rodilla derecha en el suelo, con el pie derecho extendido detrás de usted. Coloque su pie izquierdo en el suelo delante de usted, asegurándose de que la rodilla izquierda permanezca detrás del tobillo.

PASOS

A) Con la espalda recta, lleve su tronco hacia adelante y sienta el estiramiento en el flexor de la cadera derecha (Figuras 9-10 y 9-11).
B) Mantenga ésta posición durante 20-30 segundos.
C) Repita 2-3 veces en cada lado.
D) Para un estiramiento avanzado, levante ambas manos mientras mantiene su espalda en posición vertical (Figura 9-12).

FIGURA 9-10　　FIGURA 9-11　　FIGURA 9-12

ESTIRAMIENTO PIRIFORME

El estiramiento *Piriforme* es ideal para estirar el músculo ubicado dentro de los glúteos. Debido al exceso de rotación de cadera en un marchista, éste músculo tiende a contraerse, lo que puede provocar una lesión conocida como Síndrome Piriforme.

POSICIÓN DEL CUERPO

Acostado sobre su espalda.

PASOS

A) Coloque su pie derecho sobre su rodilla izquierda.
B) Levante la rodilla izquierda haciendo que su muslo esté perpendicular al suelo.
C) Sostenga su pierna izquierda, debajo de la rodilla, y jale la pierna hacia usted (Figura 9-13).
D) Mantenga durante 20-30 segundos.
E) Repita 2-3 veces con cada pierna.

FIGURA 9-13

ESTIRAMIENTO AVANZADO DEL FLEXOR DE CADERA

Los flexores de cadera tensos inhiben la adecuada rotación de la cadera.

POSICIÓN DEL CUERPO

De rodillas en el suelo, preferiblemente sobre terreno suave.

PASOS

A) Coloque su pierna izquierda delante del cuerpo doblando la rodilla.
B) Usando sus manos como apoyo, baje su torso.
C) Deslice la pierna derecha hacia atrás, y baje el torso hacia abajo con sus antebrazos soportando el peso de su cuerpo.
D) Debe sentir el estiramiento a través del flexor de la cadera derecha y la piriforme izquierda.
E) Mantenga durante 20-30 segundos.
F) Repita 2-3 veces en cada lado.

FIGURA 9-14

Corrigiendo Problemas de Postura

¡Párese derecho! ¿Cuántas veces ha escuchado esto? Suena fácil, pero no siempre es fácil de lograr. En una postura ideal para marchar, el torso está en posición vertical (Figura 10-2). Algunos marchistas nunca logran esto, mientras que otros lo desarrollan a medida que se cansan al final de las competencias. En general, los problemas de postura se dividen en dos categorías principales: inclinarse hacia adelante (Figura 10-1) o inclinarse hacia atrás (Figura 10-3).

FIGURA 10-1   FIGURA 10-2   FIGURA 10-3

Una buena postura (Figura 10-5) también ayuda a que la mayor parte de la zancada esté detrás del cuerpo en lugar de delante del cuerpo. En contraste, inclinarse hacia adelante (Figura 10-4) o hacia atrás (Figura 10-6) restringe la rotación de la cadera y limita el paso. Muchos marchistas no están conscientes de los problemas con su postura. Con cámaras de video y fotografía fija de alta velocidad, haga que alguien tome un video o una serie de fotos de usted marchando. Deténgase en un fotograma o agarre una imagen fija cuando su pierna de apoyo toque el suelo. Dibuje una línea vertical y compárela con la posición de su cuerpo.

Si observa algún problema, a continuación mostraremos algunos pasos simples para ayudarle a corregirlo.

Corrigiendo la Inclinación hacia Adelante

La inclinación hacia adelante es bastante indeseable en la marcha. Puede ser causada por muchas razones, incluyendo un entrenamiento deficiente. Las principales causas físicas incluye tener los músculos abdominales tensos, músculos pectorales demasiado desarrollados o tensos, músculos dorsales débiles (el grupo muscular más grande de la espalda) y/o zona lumbar débil. Si bien la concentración por sí sola no corrige todos los problemas de postura, es un buen punto de partida.

CONCÉNTRESE EN la posición de la cabeza

Su postura sigue la posición de su cabeza. Si deja caer la cabeza (Figura 10-7), su postura seguramente se inclinará hacia adelante. Cuando esté marchando, concéntrese en mantener la cabeza en alto (Figura 10-8). Preste atención a su barbilla también. Mantenerla en alto le ayudará a mantener su postura erguida y permitirá que las vías respiratorias se mantengan abiertas, permitiendo que su cuerpo obtenga el máximo de oxígeno cuando la marcha se torne más difícil.

FIGURA 10-7 FIGURA 10-8

CONCÉNTRESE EN Una línea vertical

Un desafío para corregir su postura es que sus problemas de postura pueden no estar relacionados con la marcha. Usted puede tener una mala postura en su estilo peatonal también. Si es así, entonces se estará corrigiendo décadas de malos hábitos y desequilibrios. Uno de los primeros pasos es que usted sienta lo que se siente al caminar realmente en posición vertical.

Si tiene alguien que pueda ayudarlo, pídale que enderezca su cuerpo en posición vertical. Si anteriormente usted se inclinaba hacia adelante, puede ahora sentir que se está cayendo hacia atrás. Del mismo modo, si usted se inclinaba hacia atrás, puede ahora sentir que se está yendo hacia adelante. Usted también puede observarse usando una caminadora y un espejo. Trace una línea vertical en el espejo en dónde debe estar su cuerpo cuando camine o marche sobre la caminadora. Concéntrese en caminar (colocando el espejo al lado de la caminadora) mientras mantiene su cuerpo a la altura de la línea.

Igualmente, necesitará fortalecer y mejorar la flexibilidad de los músculos que hacen que se incline hacia adelante. Realice el siguiente ejercicio tres veces por semana.

EJERCICIO
ALTERNANDO BRAZO Y PIERNA

El ejercicio **Alternando Brazo y Pierna** no requiere de un gimnasio ni pesas. Fortalece los músculos de la zona lumbar, así como los glúteos, los isquiotibiales y, en cierta medida, los hombros y, por lo tanto, ayuda a corregir la inclinación de la postura.

POSICIÓN DEL CUERPO

Acostado boca abajo, manteniendo brazos y piernas estiradas.

PASOS

A) Exhale y levante brazo y pierna opuestas del piso. Asegúrese de mantenerlos lo más rectos posible, e inhale mientras baja sus extremidades (Figura 10-9).
B) Exhale y levanta brazo y pierna contrario, manteniéndolos lo más rectos posible (Figura 10-10). Inhale mientras los baja.
C) Repita 2 series de 10.

FIGURA 10-9

FIGURA 10-10

EJERCICIO
SUPERMAN

Este ejercicio es una variación del ejercicio **Alternando Brazo y Pierna** que también fortalece los músculos lumbares, así como también los glúteos, isquiotibiales y, en cierta medida, los hombros.

POSICIÓN DEL CUERPO

Acostado boca abajo, mantenga brazos y piernas estiradas (Figura 10-11).

PASOS

A) Simultáneamente, exhale y levante sus brazos y piernas del piso (Figura 10-12). Asegúrese de mantenerlos rectos.
B) Mantenga esta posición durante 3 segundos.
C) Inhale mientras baja sus brazos y piernas.
D) Repita 15 veces.

FIGURA 10-11

FIGURA 10-12

EJERCICIO
MÁQUINA DE DORSALES

Este ejercicio ayuda a corregir la inclinación hacia adelante porque, si sus músculos dorsales no son lo suficientemente fuertes, sus músculos abdominales tirarán de su torso hacia adelante. Esto es especialmente cierto para las personas que han hecho mucho trabajo abdominal, y descuidan su espalda.

POSICIÓN DEL CUERPO

Sentado de frente a una máquina de dorsales.

PASOS

A) Agarre la barra con las palmas, y coloque sus manos en cada extremo.
B) Mientras exhale, jale la barra hacia abajo, y llévela hasta su pecho (Figura 10-13).
C) Lentamente, vuelva a colocar la barra en la parte superior, deteniéndose justo antes de que sus brazos se estiren completamente (Figura 10-14).
D) Mantenga el control mientras sube y baja el peso.
E) No deje que la barra llegue arriba excesivamente cuando regrese a la posición inicial.
F) Realice 10 repeticiones por 3 series.

FIGURA 10-13

FIGURA 10-14

EJERCICIO
REMO SENTADO

Si usted ya tiene músculos pectorales fuertes, los músculos ubicados en su pecho, una máquina de remo, le equilibrará al fortalecer sus músculos romboides, que se encuentran en la parte superior externa de la espalda, entre los omóplatos y la columna vertebral. Fortalecer sus romboides le ayudará a enderezar su postura.

POSICIÓN DEL CUERPO

Sentado en el asiento de una máquina de remo.

PASOS

A) Agarre los mangos de la máquina con los brazos estirados (Figura 10-15).
B) Tire del cable (s) hacia atrás, manteniendo la espalda recta (Figura 10-16).
C) Inhale mientras baja el peso, estirando los brazos.
D) Repita 20 veces por 3 series.

¡CUÍDESE!

Use los hombros y los omóplatos para llevar el cable hacia usted. No utilice los músculos de sus brazos en exceso.

FIGURA 10-15   FIGURA 10-16

EJERCICIO
EXTENSIÓN DE ESPALDA

Para aquellos con una espalda saludable, la máquina de extensión de espalda fortalece la zona lumbar para mantenerlo con una buena postura vertical y ayuda a corregir la inclinación hacia delante.

PASOS

Ya que existen diferentes estilos de máquinas de extensión de espalda, siga las instrucciones de su gimnasio local. Por favor, no intente este ejercicio si tiene problemas de espalda.

FIGURA 10-17   FIGURA 10-18

EJERCICIO
PUENTE CON BALÓN

El ejercicio *Puente con Balón* presentado en el capítulo 9, página 100 es una excelente manera de fortalecer y tirar su postura hacia atrás.

EJERCICIO TRADICIONAL DE ABDOMINALES

El Ejercicio *Tradicional de Abdominales* es un método básico para fortalecer los músculos abdominales sin estresar demasiado la espalda, ayudando a prevenir una inclinación hacia atrás.

POSICIÓN DEL CUERPO

Comience acostado sobre una superficie firme. Flexione las rodillas y lleve ambos pies a sus glúteos, de modo que sus piernas formen un triángulo con el suelo (Figura 10-26).

PASOS

A) Coloque sus manos sobre su pecho y exhale mientras levanta su pecho manteniendo la barbilla hacia el pecho. Levante la parte superior del cuerpo del suelo (hasta ocho pulgadas ~20 cm), presionando la parte inferior de la espalda contra el suelo (Figura 10-27).
B) Mantenga esta posición durante tres segundos.
C) Inhale mientras invierte sus movimientos y baja su cuerpo a la posición original.
D) Repita el ejercicio tantas veces como sea posible (hasta un máximo de 100 abdominales), mientras pueda mantener una buena técnica.

FIGURA 10-26

FIGURA 10-27

EJERCICIO BICICLETA

El Ejercicio de **Bicicleta** agrega un giro al Ejercicio **Tradicional de Abdominales** para aumentar el rango de los músculos abdominales.

POSICIÓN DEL CUERPO

Agarrado sobre una superficie firme.

PASOS

A) Mientras levanta su torso hacia arriba, toque su codo izquierdo contra su rodilla derecha (Figura 10-28).
B) Simultáneamente, baje el codo y la rodilla en movimiento mientras levanta rodilla y codo opuestos (Figura 10-29).
C) Repita el ejercicio 25 veces.

FIGURA 10-28

FIGURA 10-29

ESTIRAMIENTO
PARTE SUPERIOR DE LA ESPALDA

El Estiramiento de la **Parte Superior de la Espalda** le permitirá adoptar una postura más cómoda y eliminar su inclinación hacia atrás.

POSICIÓN DEL CUERPO

Agárrese de un poste con ambas manos, colocándose lo suficientemente atrás para que sus brazos estén rectos. Coloque sus pies cómodamente manteniendo el equilibrio.

PASOS

A) Inclínese hacia atrás, sintiendo el estiramiento a través de la parte superior de su espalda (Figura 10-30).
B) Mantenga esta posición durante diez segundos.
C) Vuelva a la posición vertical.
D) Repita tres veces.

FIGURA 10-30

ESTIRAMIENTO
RODILLAS AL PECHO

Esta es una forma cómoda de estirar la zona lumbar y remediar una postura inclinada hacia atrás.

POSICIÓN DEL CUERPO

Acostado boca arriba, coloque sus manos justo antes del punto de inserción de los isquiotibiales y rodilla (Figura 10-31).

PASOS

Empuje sus rodillas hacia su pecho y manténgalos en esta posición por 30 segundos (Figura 10-32) y repita 5 veces.

FIGURA 10-31

FIGURA 10-32

ESTIRAMIENTO VENERACIÓN

Una forma simple y cómoda de estirar la zona lumbar y remediar una postura inclinada hacia atrás es a través del Estiramiento de Veneración.

POSICIÓN DEL CUERPO

De rodillas en el suelo, separadas a lo ancho de la cadera.

PASOS

A) Use sus manos para apoyarse.
B) Baje su cabeza.
C) Deslícese hacia atrás llevando sus glúteos sobre sus talones.
D) Estírese hacia adelante, con las manos (Figura 10-33).
E) Mantenga esta posición durante 30 segundos.
F) Puede alternar estirando sus manos hacia los lados.
G) Repetir cinco veces.

FIGURA 10-33

MARCHISTAS EN ACCIÓN

2016 USATF NACIONALES, NUEVA YORK, ESTADOS UNIDOS, 30KM

Corrigiendo el Impulso Alto de Rodilla

El marchar con las rodillas altas viene cargado de problemas. Si bien puede estar marchando con un pie en contacto con el suelo en todo momento, un impulso alto de rodilla puede hacer que parezca que pierde contacto. Incluso si no lo descalifican en competencias, debe preocuparse del desperdicio de energía que usted está gastando moviendo su pierna hacia arriba y hacia abajo más de lo necesario. La pierna es aproximadamente del 15 al 20 por ciento del peso corporal. Elevarlas más de lo necesario, aproximadamente 20,000 veces durante una carrera de 20 km, desperdiciaría mucha energía. Además, un impulso alto de rodilla le da la apariencia de estar corriendo en lugar de tener un movimiento fluido. Su cabeza también puede rebotar hacia arriba

FIGURA 11-1

FIGURA 11-2

CONCÉNTRESE EN
Una rápida frecuencia de sus piernas

y hacia abajo, lo que crea un movimiento adicional en su zancada y potencialmente aumenta su probabilidad de lesión.

En lugar de impulsar la pierna hacia delante con la parte superior del muslo, concéntrese en mover la pierna y el pie lo más rápido posible, una vez que la rodilla pase por debajo del torso, hasta que el talón toque el suelo.

CONCÉNTRESE EN
Mover sus pies como una escoba

Un método para bajar las rodillas es imaginando que el pie se balancea como una escoba, barriendo lo más bajo posible del suelo. Estudios han demostrado que cuanto más alto se mueve el pie a través de la zancada, más probabilidades hay de que el atleta obtenga una falta por pérdida de contacto.

CONCÉNTRESE EN
No subir la rodilla

Si bien puede sonar obvio, para evitar un impulso alto de rodilla, concéntrese en mantener la rodilla baja. Cuando la pierna se mueve hacia adelante y la rodilla se mueve hacia arriba, da la apariencia de pérdida de contacto.

EJERCICIO
ARRASTRE DEL PIE

Al arrastrar el pie por el suelo, está entrenando a su cuerpo a no subir la rodilla. Una vez que el cuerpo está acostumbrado a caminar con pasos bajos, puede elevar el pie ligeramente y marchará con un mejor impulso de rodilla.

POSICIÓN DEL CUERPO

Párese en posición de marcha.

PASOS

A) Marche lentamente, moviendo el pie tan bajo que raspe los dedos de los pies en el suelo mientras avanza.

B) Repita este ejercicio por 30 a 50 metros. No raspe la punta de los pies durante una vuelta completa o durante un entrenamiento completo.

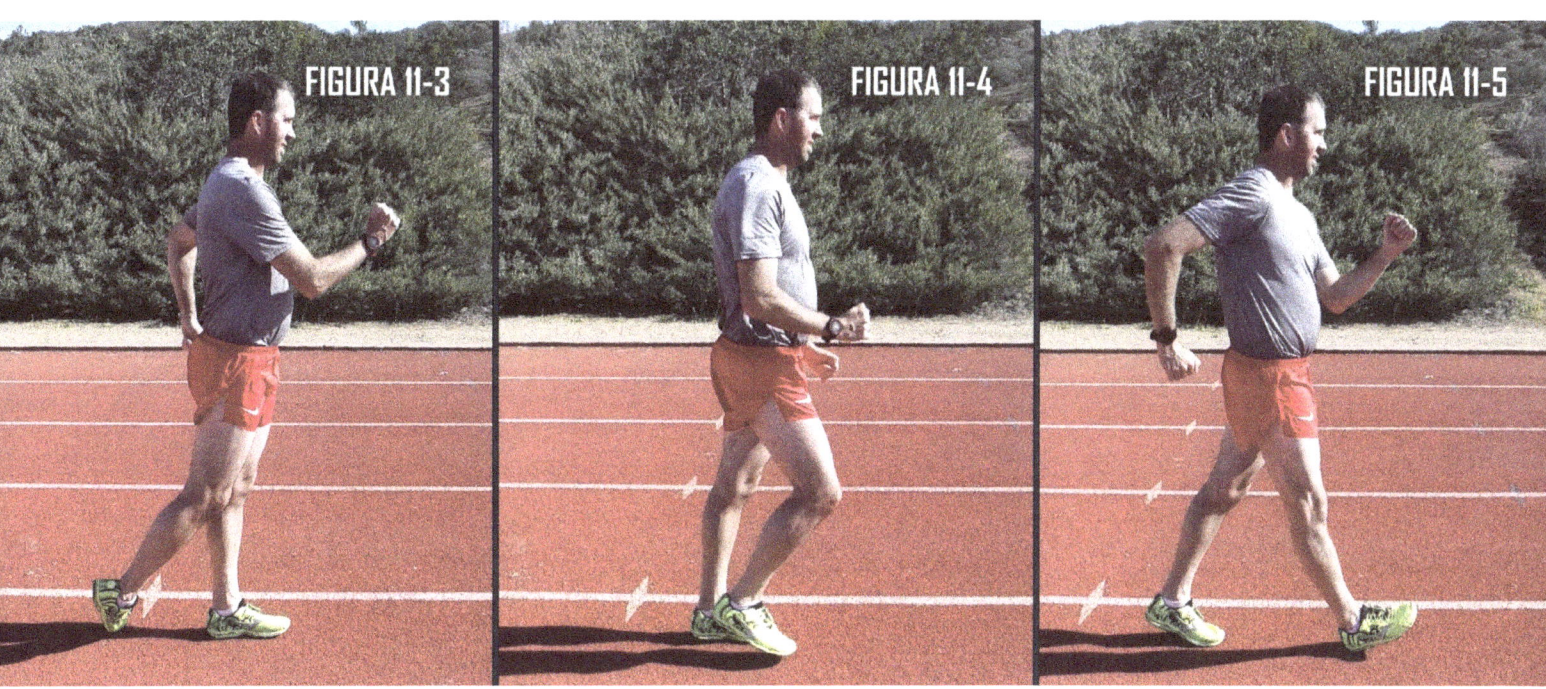

EJERCICIO
PLANTA DEL PIE

Un efecto secundario del impulso alto de rodilla es que también lleva su pie demasiado alto. Al practicar la *Técnica de la Planta del Pie*, usted entrena que su pie se mueva cerca del suelo. Concéntrese en el movimiento de los pies cuando haga este ejercicio para corregir la elevación de la rodilla.

Consulte el capítulo 3, página 12 para conocer los pasos para completar este ejercicio.

ESTIRAMIENTO
FLEXOR DE CADERA

Tener los flexores de cadera tensos hace difícil el mantener un paso largo detrás del torso, debido a la falta asociada de rotación de cadera. Por lo tanto, el pie de apoyo se levanta del suelo prematuramente, lo que a menudo provoca un impulso alto de rodilla. Para evitar esto, asegúrese de que sus flexores de cadera permitan un buen rango de movimiento.

Consulte el capítulo 9, página 104 para conocer los pasos para completar este ejercicio.

ESTIRAMIENTO
AVANZADO DEL FLEXOR DE CADERA

El estiramiento *Avanzado del Flexor de Cadera* mejorará aún más la rotación de la cadera hacia adelante, y así, reducir el impulso alto de rodilla.

Consulte el capítulo 9, página 106 para conocer los pasos para completar este ejercicio.

Corrigiendo el Exceso de Zancada

Ampliar la zancada en frente de su cuerpo (Figura 12-1) le dificulta marchar de manera eficiente, y puede llevar a la percepción de que ha perdido contacto con el suelo. Tener los flexores de cadera tensos hace que el pie de apoyo se levante del suelo prematuramente, y le hace acortar el paso donde más lo necesita. El exceso de zancada también puede deberse a un movimiento de brazo deficiente o simplemente a un apoyo excesivo entusiasta (generalmente cuando está cansado y con fatiga muscular). Observe cuán mejor se ve Miranda en la Figura 12-2 marchando con una longitud de zancada adecuada.

FIGURA 12-1

FIGURA 12-2

Trabaje en acortar su braceo llevando las manos a un máximo de 4 a 6 pulgadas detrás de la cadera (10-15 cm). Brazos, caderas y piernas se mueven a un mismo ritmo y son proporcionales. Una disminución en el balanceo del brazo hace reducir la longitud de su zancada. Algunas personas profesan incorrectamente que el pico de energía del movimiento del brazo es cuando el brazo superior está paralelo al suelo. En su lugar, el pico de energía del movimiento del brazo viene cuando el brazo superior se mueve hacia atrás alcanzando un ángulo de 20-30 grados (consulte el capítulo 4, página 20).

A menudo, la falta de rotación de la cadera hacia delante provoca un cambio excesivo del cuerpo. Concéntrese en impulsar su cadera hacia adelante para reducir el porcentaje de su zancada frente a su torso.

PLANTA DEL PIE

Parte del problema con el exceso de zancada es que su pie cuelga en frente del cuerpo, sin empujar su cuerpo hacia adelante. Si coloca el pie de manera más efectiva justo delante de su cuerpo, su paso se vuelve más eficiente.

Consulte el capítulo 3, página 12 para conocer los pasos para completar este ejercicio.

ESTIRAMIENTO
FLEXOR DE CADERA

Cualquier estiramiento o ejercicio de técnica que mejore el rango de movimiento de los flexores de cadera reducirá el exceso de zancada.

Consulte el capítulo 9, página 104 para conocer los pasos para completar este ejercicio.

ESTIRAMIENTO
AVANZADO DEL FLEXOR DE CADERA

Cualquier estiramiento o ejercicio de técnica que mejore el rango de movimiento de los flexores de cadera reducirá el exceso de zancada.

Consulte el capítulo 9, página 106 para conocer los pasos para completar este ejercicio.

EJERCICIO
ZANCADAS LARGAS, BRAZOS LARGOS

Cualquier estiramiento o ejercicio de técnica que mejore el rango de movimiento de los flexores de cadera reducirá el exceso de zancada.

Consulte el capítulo 5, página 47 para conocer los pasos para completar este ejercicio.

EJERCICIO
PASOS RÁPIDOS

Puede agregar la técnica de **Pasos Rápidos** a su rutina de ejercicios para corregir el exceso de zancada. Específicamente, la técnica de **Pasos Rápidos - Manos Detrás de la Espalda**, es el mejor en este caso. También puede completar las otras variaciones de la técnica para mejorar su rango de rotación.

Consulte el capítulo 7, página 86 para conocer los pasos para completar este ejercicio.

MARCHISTAS EN ACCIÓN

JUEGOS OLÍMPICOS 2004, ATENAS, GRECIA, 20 KM

Corrigiendo la Postura de Amplio Rango

Cuando los peatones caminan rápidamente, rara vez cambian su técnica; simplemente caminan con un paso más exagerado con una cadencia más rápida (Figura 13-1). Esto solo los lleva tan lejos o tan rápido, de un lugar a otro. Los marchistas (Figura 13-2), en cambio, cambian muchos aspectos de su paso, sobre todo agregando un avance de la cadera mientras la pierna se mueve hacia adelante. La mayoría de los marchistas que caminan con una postura amplia lo hacen porque no giran sus caderas hacia adelante y, por lo tanto, hacia adentro. Naturalmente, la cadera no avanza en línea recta, debe girar hacia adentro mientras gira hacia adelante. Al hacerlo, hace que el pie caiga a lo largo de una línea recta.

FIGURA 13-1

FIGURA 13-2

Para corregir una postura de amplio rango, puede realizar cualquiera de las correcciones para la rotación incorrecta de la cadera como se enseña en el capítulo 8.

CONCÉNTRESE EN
Rotar la cadera hacia adelante

Puede parecer que estamos repitiendo caderas, caderas y más caderas, pero ésta es la clave para muchos problemas con la técnica de marcha. Si sus pies no aterrizan en línea recta, probablemente se deba a una falta de rotación de la cadera hacia adelante. Cuando la cadera gira hacia adelante, también gira hacia adentro, lo que hace que los pies caigan en línea recta. Concéntrese en llevar su cadera hacia adelante y el posicionamiento de sus pies se enderezarán naturalmente.

CONCÉNTRESE EN
Llevar sus brazos hasta su pecho

Concéntrese en llevar sus brazos hasta el pecho en línea con su esternón como se muestra en las Figuras 13-3 y 13-4. Sincronice la posición de sus pies, de modo que caigan "debajo" de sus manos.

FIGURA 13-3

FIGURA 13-4

EJERCICIO
MARCHA SOBRE LÍNEA RECTA

Al tratar de corregir una postura de amplio rango, se puede estimular la cadera a girar hacia adelante caminando a lo largo de una línea recta. Es importante tener en cuenta que sus pisadas aterricen en línea recta como resultado de la rotación correcta de la cadera, y no obligando a sus pies a aterrizar en una línea recta sin ninguna rotación de cadera.

Consulte el capítulo 9, página 97 para conocer los pasos para completar este ejercicio.

EJERCICIO
PLANTA DEL PIE

La Técnica de la Planta del Pie centra su atención en la forma correcta del movimiento del pie. Consulte el capítulo 3, página 12 para conocer los pasos para completar este ejercicio.

MARCHISTAS EN ACCIÓN

CLASIFICATORIOS A LA COPA PANAMERICANA DE MARCHA 2017, FILADELFIA, ESTADOS UNIDOS, 20KM

MARCHISTAS EN ACCIÓN

JUEGOS OLÍMPICOS 2016, RIO, BRASIL, 20KM

Corrigiendo el Cruce de Pies y Rodillas

Si bien es bastante raro ver a un marchista cruzando un pie sobre el otro (Figuras 14-1 y 14-2), sí sucede. De hecho, solíamos hablar de este movimiento hipotéticamente hasta que en una clínica de marcha reciente, un joven marchista que no tenía el control muscular para mantener sus piernas y pies alineados demostró este problema cuando marchaba. Si bien no hay ejercicios específicos para corregir este movimiento, use las siguientes dos visualizaciones para corregir problemas de cruce.

FIGURA 14-1

FIGURA 14-2

Concéntrese en marchar en línea recta. Si usted está cruzando la línea, está desperdiciando esfuerzo hacia un lado en lugar de ir hacia adelante.

Girar la cadera alrededor del eje que corre a través de la mitad de su cuerpo NO es deseable. El movimiento de la cadera debe ser principalmente hacia delante. Extienda conscientemente la cadera hacia adelante mientras la pierna se mueve hacia adelante. Minimizando la rotación hacia adentro.

EJERCICIO
MARCHA SOBRE LÍNEA RECTA

Dado que el cruce de pies y rodillas se debe en gran medida a la falta de control muscular, caminar a lo largo de una línea recta reajusta su técnica.

Consulte el capítulo 9, página 97 para conocer los pasos para completar este ejercicio.

EJERCICIO
ELEVACIÓN LATERAL DE LA PIERNA

El fortalecimiento de los abductores junto al ejercicio de *Elevación del Lado Inferior de la Pierna* aumenta su control sobre los músculos de la pierna.

Consulte el capítulo 9, página 102 para conocer los pasos para completar este ejercicio.

EJERCICIO
ELEVACIÓN DEL LADO INFERIOR DE LA PIERNA

El fortalecimiento de los aductores junto al ejercicio de Elevación Lateral de la Pierna aumenta su control sobre los músculos de la pierna.

Consulte el capítulo 9, página 103 para conocer los pasos para completar este ejercicio.

EJERCICIO
PLANTA DEL PIE

La *Técnica de la Planta del Pie* centra su atención en la forma correcta del movimiento del pie.

Consulte el capítulo 3, página 12 para conocer los pasos para completar este ejercicio.

MARCHISTAS EN ACCIÓN

JUEGOS OLÍMPICOS 2016, RÍO, BRASIL, 50KM

MARCHISTAS EN ACCIÓN

2017 PAN AM CUP TRIALS, PHILADELPHIA, USA, 20KM

Corrigiendo la Oscilación Inadecuada del Pié

Un problema muy común en marchistas es la rotación excesiva del pie a medida que avanza, después de empujar. Puede ser causada por una amplia variedad de desequilibrios musculares y/o tensión muscular en muchas áreas. Lo más probable es que sea una deficiencia o tensión en el abductor de la cadera, el flexor de la cadera, el cuádriceps, los isquiotibiales o la parte superior de las espinillas. Un entrenador puede evaluar mejor la causa exacta, y así recomendar el ejercicio específico para corregirlo.

FIGURA 15-1

OBSERVE LA OSCILACIÓN DEL PIÉ

Corrigiendo las Palmadas de los Piés

Algunos marchistas pueden pasarte por un lado sin que escuches una sola pisada. Ellos logran esta suave pisada a través de la zancada, aterrizando con el dedo gordo del pie apuntando hacia arriba cuando el talón hace contacto con el suelo y luego avanzando gradualmente hacia adelante a medida que el dedo del pie baja. En contraste, algunos otros aterrizan con el pié plano. Esto hace que sea casi imposible de aterrizar con una pierna estirada. Otros marchistas aterrizan con el dedo gordo del pie apuntando hacia arriba, pero aplanan demasiado rápido. Esto puede hacerle marchar como si tuviera llantas cuadradas.

Para solucionar cualquiera de estos problemas, debe practicar un subconjunto de ejercicios y estiramientos que ya hemos presentado para la corrección de la flexión de rodilla. Éstos son:

EJERCICIO: PLANTA DEL PIE

Los detalles se pueden encontrar en el capítulo 3, página 12.

EJERCICIO: CAMINAR SOBRE LOS TALONES

Los detalles se pueden encontrar en el capítulo 5, página 49.

EJERCICIO: LEVANTAMIENTO DEL DEDO DEL PIE

Los detalles se pueden encontrar en el capítulo 5, página 50.

EJERCICIO: CAMINAR DE PUNTAS

Los detalles se pueden encontrar en el capítulo 5, página 51.

EJERCICIO: FORTALECIMIENTO DE LA PANTORRILLA

Los detalles se pueden encontrar en el capítulo 5, página 52.

Corrigiendo Brazos

Hay muchas maneras de tener un braceo ideal. Afortunadamente, al centrarnos en la técnica correcta, podemos corregir muchos de los errores. Empecemos observando un eficiente braceo y otros no tan eficientes. Observe la técnica de en medio. El balanceo de los brazos mantiene un ángulo constante entre la parte superior y la parte inferior del brazo cuando la mano se desplaza desde el pecho hasta justo detrás de la cadera (Figura 17-2). En contraste, en la Figura 17-1 el marchista está moviendo sus brazos demasiado hacia delante y hacia atrás. Sabemos que está demasiado largo porque su muñeca está delante de su tobillo. Del mismo modo, el marchista en la Figura 17-3 no está moviendo los brazos en un rango de movimiento suficientemente amplio y, por lo tanto, limita su rotación de cadera y longitud de zancada.

Los marchistas también tienen problemas en mantener un ángulo constante entre el brazo superior e inferior. Observe cómo el ángulo del brazo en la Figura 17-5 y 17-7 aumenta a medida que se balancea hacia atrás y disminuye a medida que avanza. Esto es un desperdicio de energía y el movimiento excesivo podría atraer el ojo no deseado de un juez. Observe un ángulo adecuado y constante del brazo en las Figuras 17-4 y 17-6.

Observar a un marchista lateralmente da una representación bastante bidimensional. Observe ahora el movimiento de los brazos desde una imagen frontal. Es importante asegurarse de que los brazos no sean robóticos como se muestra en la Figura 17-8, o que se crucen demasiado como se muestra en la Figura 17-10. Moverse directamente a través del cuerpo o llevar un braceo hacia adelante demasiado recto inhibe la rotación de la cadera hacia adelante. Observe el movimiento correcto del brazo en la Figura 17-9.

FIGURA 17-8

FIGURA 17-9

FIGURA 17-10

También podemos llegar a un braceo ideal de otras maneras. Observe cómo el marchista en la Figura 17-12 tiene sus brazos en un ángulo alejado del torso. Esto conlleva a un desperdicio considerable de energía. En su lugar, debe minimizar el ángulo lo más posible como se muestra en la Figura 17-11.

FIGURA 17-11

FIGURA 17-12

Afortunadamente, las curas para todas estas dolencias son básicamente las mismas. Los siguientes consejos se pueden practicar al caminar o frente a un espejo.

CONCÉNTRESE EN Llevar la mano hacia atrás y por debajo de la cadera

Llevar la mano hacia atrás y por debajo de la cadera es esencial para lograr un movimiento adecuado del brazo, así como para que sea más fácil avanzar con las caderas. Si sus manos no se alejan lo suficiente, sus manos no avanzarán a la posición correcta; además, que su impulso de cadera se verá disminuido. Para aumentar el rango de movimiento a través del cual viajan sus brazos y manos, aumente el ángulo entre su brazo superior e inferior. Para disminuir el rango de movimiento a través del cual viajan los brazos y las manos, disminuya el ángulo entre la parte superior e inferior del brazo.

CONCÉNTRESE EN Rozar sus manos con sus shorts de entrenamiento

Al balancear los brazos hacia adelante y hacia atrás, no debe alejarlos tanto del torso. Si los mantiene demasiado alejados, desperdiciará energía soportando el peso de sus brazos. Para acercar sus manos y brazos a la posición ideal, roce sus manos con sus shorts de entrenamiento cuando esté marchando.

CONCÉNTRESE EN Llevar sus manos hasta el centro de su pecho

Muchos marchistas violan este concepto pasando sus manos por la línea imaginaria del esternón. Si bien existe una pequeña variación con cada paso, el punto del esternón es un punto referente e ideal. Si sus manos llegan hasta arriba de su pecho, aumente el ángulo entre su antebrazo y parte superior del brazo. Por el contrario, si sus manos no están llegando lo suficientemente alto, disminuya el ángulo que hace su antebrazo con la parte superior del brazo.

CONCÉNTRESE EN Llevar su mano hacia delante, con un ángulo constante

El movimiento del brazo debe mantener un ángulo constante entre el antebrazo y la parte superior del brazo. Resista la tentación de cerrar el ángulo en el ascenso y abrir el ángulo en el descenso. Si tiene la suerte de asistir a una de nuestras clínicas, puede probar nuestros tirantes personalizados para ayudarlo a obtener la sensación adecuada de balanceo del brazos.

CONCÉNTRESE EN
Llevar en balancear su brazo hacia adelante como si fuera a dar la mano

Cuando usted le da la mano a alguien, su mano avanza desde el lado de su cadera hasta la parte frontal de su cuerpo. Este mismo movimiento se hace en la marcha. La única diferencia es que cuando usted le da la mano a alguien, el ángulo de su brazo cambia, mientras que en la marcha, el ángulo del brazo permanece constante.

ESTIRAMIENTO BÍCEPS

El estiramiento del **Bíceps** es útil porque, mientras los marchistas no bombean sus músculos bíceps durante la marcha, los usan para sostener el brazo en un ángulo de aproximadamente 90 grados mientras marchan. Camine o de un paseo lo suficientemente largo y sus bíceps se tensarán.

POSICIÓN DEL CUERPO

De pié, con los pies separados al ancho de los hombros.

PASOS

A) Coloque sus manos juntas, detrás de su espalda, con palmas juntas.
B) Exhale mientras levanta los brazos hasta que sienta el estiramiento.
C) Mantenga esta posición durante 15 segundos.
D) Baje las manos.
E) Repita tres veces.

FIGURA 17-13

ESTIRAMIENTO DEL TRÍCEPS

Tener los músculos tríceps rígidos causan una reducción del ángulo del brazo, lo que a su vez conduce a una reducción en la rotación de la cadera.

POSICIÓN DEL CUERPO

De pié, con los pies separados al ancho de los hombros.

PASOS

A) Doble el brazo derecho, llevando la mano detrás del hombro.
B) Agarre su codo derecho con su mano izquierda.
C) Tire suavemente de su brazo derecho hacia atrás.
D) Mantenga esta posición durante 15 segundos.
E) Repita con su otro brazo.

FIGURA 17-14

EJERCICIO BRACEO CON LIGAS

Realizar la técnica de **Braceo con Ligas** fortalece los brazos de una manera específica para la marcha. Si bien puede usar pesas para fortalecer sus bíceps, tríceps, etc., este ejercicio es mucho más efectivo debido a su naturaleza funcional.

Consulte el capítulo 8, página 92 para conocer los pasos para completar este ejercicio.

Corrigiendo las Manos

El soporte de las manos durante la marcha es bastante simple. Mantenga la muñeca recta, con la mano en un puño suelto. Cuando sus manos pasan por su cadera, las puntas de los dedos deben mirar hacia la cadera. Sin embargo, muchos marchistas desploman sus manos en todas direcciones (Figuras 18-1 y 18-2), atrayendo la atención de un juez y desperdiciando energía. Realmente no hay ejercicios específicos para corregir dicho movimiento; es fundamentalmente un tema de concentración.

FIGURA 18-1

FIGURA 18-2

CONCÉNTRESE EN
Manos cerradas, relajadas

Cierre sus manos, pero no mantenga el puño tenso mientras marcha.

CONCÉNTRESE EN
Sostener una barra imaginaria en cada mano

Imagine o coloque una barra delgada dentro de su puño. Concéntrese en evitar que su mano y sus dedos se balanceen hacia arriba, hacia abajo o de lado a lado. El entrenador Peña utilizó este pequeño truco con Andrew Hermann, y esto le ayudó a clasificar a las olimpíadas Sydney 2000.

CONCÉNTRESE EN
Llevar una papa frita imaginaria sobre el puño

Un puño apretado le hace desperdiciar energía y le lleva a tener un cuerpo tenso. Imagine que lleva una papa frita entre el pulgar y el índice y que no debe romper la papita. De esta forma, usted relajará la posición de sus manos, evitando moverlas.

Corrigiendo Hombros

El problema más común con los hombros de los marchistas es tenerlos contraídos por la acción de subirlos mientras se marcha. Esto también conduce a un braceo alto y hace llevar el centro de gravedad más alto, que podría provocar una tarjeta roja por elevación. Además, los hombros tensos pueden provocar calambres, lo que luego dificulta el mantener un movimiento de brazos adecuado. Una vez que sus brazos dejen de moverse, su cadera le seguirá. Una vez que pierda el movimiento de cadera, será solo un peatón.

Curt Clausen dice que finalmente aprendió que relajar sus hombros era la clave para mejorar el balanceo de sus brazos y así soltar la cadera. Esta mejora de la técnica fue un factor clave en la medalla de bronce de Clausen en el Campeonato del Mundo de 1999 en Sevilla, España.

CONCÉNTRESE EN
Bajar su centro de gravedad

Concéntrese en llevar un centro de gravedad bajo. Cuando sus brazos se balancean hacia adelante y hacia atrás, concéntrese en el movimiento de sus codos. Trate de mantener los codos bajos, disminuyendo su centro de gravedad y mejorando un braceo hacia adelante.

EJERCICIO
MOLINO HACIA ATRÁS, DE PIÉ

La técnica de **Molino hacia Atrás, De Pié** es una excelente manera de calentar los hombros y aumentar el rango de movimiento al mismo tiempo.

POSICIÓN DEL CUERPO

Realice este ejercicio lentamente mientras está de pié, con los pies separados al ancho de los hombros. Su mano derecha sobre su hombro derecho, con el brazo relajado y el codo hacia el suelo. Su mano izquierda sobre su hombro izquierdo, con el codo izquierdo detrás de su cuerpo.

PASOS

A) Levante lentamente el codo derecho hacia adelante, con el brazo perpendicular a su cuerpo. Simultáneamente, levante el codo izquierdo hacia atrás. A lo largo del ejercicio, mientras un brazo gira, el otro gira similarmente, compensado los 180 grados. (Figura 19-1).

B) Continúe levantando el brazo derecho hacia arriba, manteniendo sus bíceps derechos lo más cerca posible de su cara. Del mismo modo, continúe girando el brazo izquierdo hacia abajo (Figura 19-2).

C) Gire lentamente el brazo derecho hacia atrás; se desplazará hacia afuera en algún momento. El brazo izquierdo gira hacia adelante y comienza a elevarse (Figura 19-3).

D) Gire gradualmente el brazo izquierdo a través de un círculo completo (Figura 19-4) y regrese a la posición original mientras el brazo derecho se eleva.

E) Repita la rotación, de ambos brazos, diez veces..

MARCHISTAS EN ACCIÓN

IAAF CAMPEONATO DEL MUNDO 2009, BERLÍN, ALEMANIA, 20KM

EJERCICIO
MOLINO HACIA ATRÁS, MARCHANDO

Cuando el cuerpo está frío, la técnica de **Molino hacia Atrás, Marchando** es una excelente manera de bombear sangre a todas las extremidades rápidamente. Además, ayuda a relajar y estirar la parte superior del cuerpo (específicamente, los hombros), lo que lleva a un movimiento de braceo más fluido.

POSICIÓN DEL CUERPO

Párese derecho con un brazo a un lado y el otro apuntando directamente hacia el cielo.

PASOS

A) Mueva el brazo a su lado hacia adelante y hacia arriba, al mismo tiempo que mueve el brazo contrario hacia atrás y hacia abajo permitiendo que ambos brazos dibujen un círculo. Mantenga los brazos lo más cerca del cuerpo cuando los mueve hacia atrás.

B) Empiece a marchar manteniendo la moción circular de sus brazos, con la técnica adecuada de marcha, por 30 metros.

FIGURA 19-5 FIGURA 19-6 FIGURA 19-7
FIGURA 19-8 FIGURA 19-9 FIGURA 19-10

ESTIRAMIENTO FIJO DE HOMBROS

Un buen estiramiento para agregar en su enfriamiento es el estiramiento **Fijo de Hombros**. Ayuda a relajar los hombros después del entrenamiento y aumenta el rango de movimiento.

POSICIÓN DEL CUERPO

Realice este ejercicio de pié, con los pies separados al ancho de los hombros.

PASOS

A) Intente juntar sus manos detrás de su espalda, una desde arriba y la otra desde abajo (Figura 19-11). Si puede alcanzar, mantenga la posición durante 20 a 30 segundos.
B) Invierta los brazos, para estirar el otro hombro.
C) Si no llega a alcanzar sus manos, use una toalla o cuerda para completar el estiramiento (Figura 19-12).
D) Agarre la cuerda con sus manos, lo más cerca posible, luego invierta los brazos.

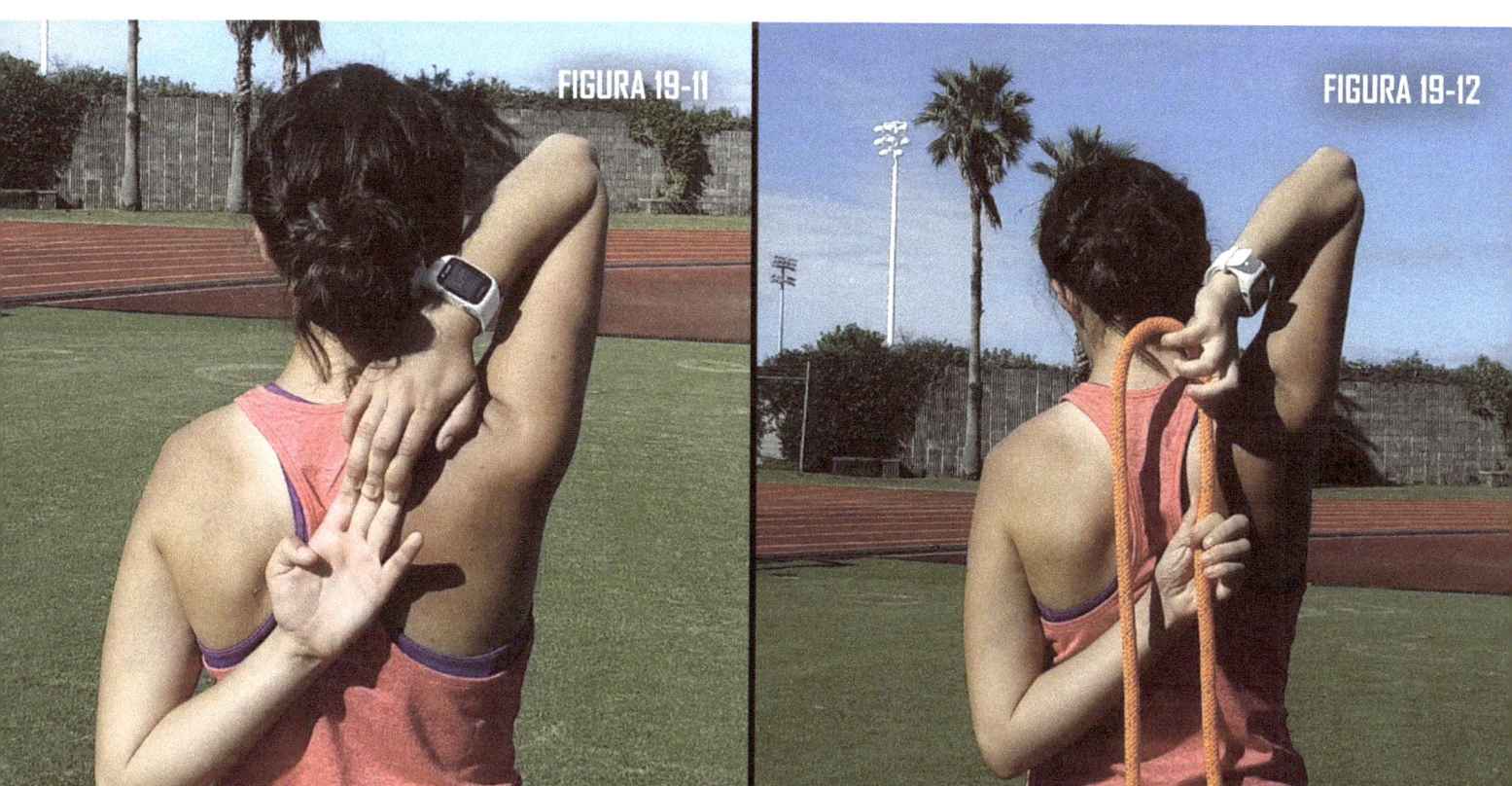

FIGURA 19-11

FIGURA 19-12

ESTIRAMIENTO CUELLO

Tener los músculos del cuello contraídos hace llevar los hombros hacia arriba y un centro de gravedad más alto y, por lo tanto, pérdida de contacto con el suelo. Si solo un lado del cuello está tenso, su cabeza podría inclinarse hacia un lado.

POSICIÓN DEL CUERPO

Este estiramiento puede realizarse, ya sea sentado o de pié.

PASOS

A) Coloque su palma contra un lado de su cabeza.
B) Empuje suavemente la cabeza hacia un lado acercando su oreja a su hombro (Figura 19-13).
C) Mantenga esta posición por 10-15 segundos.
D) Repita con la otra mano en la dirección opuesta.

FIGURA 19-13

Entrenamiento de Fuerza

Muchos atletas de resistencia creen que levantar pesas pesadas les hace aumentar de masa corporal y aumentar de peso. Esto no tiene por qué ser el caso. La filosofía de la vieja escuela de entrenamiento de fuerza para atletas de resistencia hablaba de un entrenamiento tempo de resistencia. Sin embargo, esta estrategia no es ideal para atletas de resistencia. Después de todo, los atletas de resistencia ya tienen entrenamiento de resistencia.

Es más beneficioso concentrarse en desarrollar fuerza y potencia con ejercicios de cuerpo completo. Desarrollando fuerza en sus músculos le ayudará a aumentar su potencia de motor a lo largo de una carrera, también ayudándole a terminar con un buen remate.

Para su seguridad y proporcionar los máximos beneficios, una postura y forma adecuada son vitales. Cuando decimos una postura correcta, nos referimos a algo más que pararse derecho. La postura correcta comienza con los pies hacia adelante, la columna vertebral y cadera en una posición neutral, los hombros hacia abajo y hacia atrás, y la cabeza directamente sobre nuestra columna vertebral.

Al igual que en la marcha, donde el atleta debe mantener una postura adecuada durante toda la competencia o entrenamiento, se debe mantener una buena postura realizando cada serie de ejercicios. Si realiza el ejercicio de manera incorrecta, puede llegar a levantar más peso del debido y sentir el ejercicio fácil de completar. Su cuerpo gravita hacia posiciones incorrectas, especialmente a medida que se fatiga, aumentando el riesgo de lesiones; así que, manténgase concentrado.

Muchas personas tienen desequilibrios musculares únicos. La preparación personalizada es fundamental para garantizar los beneficios de cada ejercicio. Recomendamos enormemente que busque un profesional que lo ayude con el programa de entrenamiento de fuerza que se presenta a continuación para garantizar que su postura y forma sean correctas. Pudiera usted, no desear aumentar el costo con un entrenador personal, pero realmente será una inversión que valdría la pena.

Realizar ejercicios de manera incorrecta puede permitirle levantar más peso y completar más repeticiones de lo programado o planificado, pero utilizará los músculos incorrectos y logrará poco, mientras corre el riesgo de sufrir una lesión. Por favor, busque ayuda, ya que hay pocos gastos para el entrenamiento de la marcha, y evitar lesiones no solo lo llevará a ser un mejor atleta, sino que también le ahorrará dinero a largo plazo.

Los ejercicios de entrenamiento de fuerza de cuerpo completo le ayudan a desarrollar fuerza y potencia, a impulsarse más, a maximizar la extensión de la cadera, y asistir o mejorar la mecánica de la técnica. Al aumentar su fuerza, su potencia y su capacidad atlética en general a través de estos ejercicios, obtendrá una mecánica adicional que lo convertirá en un atleta y marchista más exitoso.

Estos ejercicios ayudan a impulsar al marchista a ir más rápido al aumentar la extensión de la cadera en lugar de depender únicamente de los flexores de la cadera para levantar la pierna hacia adelante.

Éstos fortalecen toda la cadena posterior, incluyendo los isquiotibiales, los glúteos, el trapecio y los romboides. Esto crea un equilibrio en los músculos que empujan y tiran del cuerpo mientras la técnica de marcha reduce las lesiones por sobreuso.

Reducir la cantidad de repeticiones requeridas para el entrenamiento de resistencia de dos a cinco repeticiones aumenta la potencia sin agregar masa muscular. Esto no le hará ganar veinte libras de músculo en cada pierna (10 kg). Usar pesos pesados con repeticiones bajas aumenta la fuerza y la potencia del músculo, mientras minimiza el crecimiento (hipertrofia).

La marchista élite Rachel Seaman incrementó sustancialmente su fuerza y potencia con este trabajo, mientras que solo agregó un peso muscular mínimo de tres libras (1.3 kg). Ella también redujo significativamente su porcentaje de grasa corporal. Esto es como un luchador que compite por categoría de peso. Él también quiere ganar fuerza y potencia, pero debe hacer esto sin agregar peso corporal y evitar quedar descalificado en su categoría de peso.

El entrenamiento de fuerza es un aspecto importante en el plan de entrenamiento, pero no planifique su programa de entrenamiento a su alrededor. En su lugar, usted debe realizar ejercicios de técnica y estiramientos todos los días. Luego, planee qué días realizará tramos de velocidad, idealmente dos por semana. Después, programe su entrenamiento de fuerza en días distintos a los de sus entrenamientos de velocidad. Al igual que sus días de kilometraje, sus entrenamientos de fuerza no deberían estar juntos. Para atletas que no entrenan a tiempo completo, dos veces por semana es suficiente. Si usted es un atleta de tiempo completo como Rachel y Miranda, puede agregar un tercer día por semana.

Es imprescindible aprender la técnica adecuada para estos movimientos antes de efectuarlos con peso. Usted no puede empezar levantando un peso que solo lo puede levantar dos veces. La técnica debe controlarse constantemente para detectar errores desde el principio, así como también cuando se agrega peso a los ejercicios.

Al ver cómo Rachel realiza estos ejercicios, usted podría pensar, acertadamente, que su ejecución es excelente. Pero esto le tomó tiempo para dominar, al igual que su técnica de marcha. Rachel comenzó con el *peso ruso* en lugar de una barra y pesas. Había defectos en su postura que impactaban su forma. Usted no podría detectar esto, pero un entrenador profesional lo detectaría inmediatamente. Carecía de una extensión toráxica en la columna vertebral, y la movilidad de la cápsula de la cadera restringía su capacidad para realizar correctamente un peso muerto. Si hubiera continuado sin corregir estos problemas, probablemente habría sufrido una lesión grave en la zona lumbar. Le tomó meses de práctica y la corrección de su postura antes de que ella llegara al punto en el que pudiera lograr un peso muerto de 155 libras (70 kg), con un peso corporal de solo 120 libras (54 kg). **Así que, por favor, nunca será demasiado enfatizar que, si va a realizar ejercicios de fuerza busque la asistencia de un profesional.**

Al levantar pesas, el número de repeticiones por serie se divide en tres categorías generales:

- Potencia: 2-5 repeticiones desarrollando potencia sin aumento de masa muscular.
- Fuerza: 6-12 repeticiones desarrollando fuerza con aumento de masa muscular.
- Resistencia: 20 repeticiones desarrollando resistencia sin aumento de masa muscular

Comience su programa de entrenamiento de fuerza con 20 repeticiones. La rapidez con la que complete cada movimiento dependerá de su propia capacidad atlética, su capacidad para aprender la forma y de si tiene algún desequilibrio o correcciones de postura que se deban tratar primero.

Antes de pasar a la fase de potencia de 2 a 5 repeticiones, es importante tomar un buen tiempo primero construyendo un nivel básico de fortaleza general. Esto puede llevar meses, dependiendo del individuo. Como cualquier entrenamiento, bajar la carga antes de una competencia es importante. Esto incluye reducir el número de series y repeticiones durante la semana previa a la competencia.

Miranda y Rachel demuestran cada uno de los siguientes 12 ejercicios con pesas ligeras con fines ilustrativos.

EJERCICIO PRENSA

La *Prensa* es ideal para trabajar los abdominales de manera tal que ayuden al movimiento funcional de la marcha. También ayuda a mejorar la postura corporal, lo cual es crítico para el resto de nuestros ejercicios de entrenamiento de fuerza.

POSICIÓN DEL CUERPO

- Párese lo suficientemente lejos de la máquina para que haya algo de tensión en el cable.
- Parado con los pies separados al ancho de sus hombros, rodillas ligeramente flexionadas, postura derecha, y pelvis en posición neutral.

PASOS

1. Agarre un asa unida al cable, o una liga amarrada de un poste, y manténgala en línea con su esternón (Figura 20-1).
2. Presione el cable hacia afuera extendiendo completamente sus brazos. A medida que lo haga, sus músculos abdominales deberían contraerse (Figura 20-2).
3. Sostenga por dos segundos y luego regrese sus manos al esternón (Figura 20-1).

Complete sus repeticiones y series desde un lado, y luego gire a la dirección opuesta y repita.

¡CUÍDESE!

- No deje que el cable tire de su cuerpo, empujándolo hacia la máquina.
- Resista la tentación de mover su cuerpo lado a lado.
- Observe cómo Miranda mantiene su cuerpo dentro de las líneas verdes (Figura 20-3).
- Preste atención a su pelvis.
- La pelvis debe permanecer en posición neutral (Figura 20-4).
- No incline la pelvis hacia adelante (Figura 20-5) o hacia atrás (Figura 20-6).

FIGURA 20-1

FIGURA 20-2

FIGURA 20-3

FIGURA 20-4

FIGURA 20-5

FIGURA 20-6

EJERCICIO
PESO MUERTO

El **Peso Muerto** con barra es uno de los mejores ejercicios que puede hacer para trabajar toda la cadena posterior. Éstos músculos son los responsables del movimiento hacia adelante y de la extensión de la cadera.

POSICIÓN DEL CUERPO

- De pié, con pies separados al ancho de los hombros y dedos de los pies apuntando ligeramente hacia afuera.
- Sostenga la barra cómodamente con las manos separadas un poco más del ancho de sus hombros (Figuras 20-8 y 20-10).
- La espalda debe estar recta en todo momento.

PASOS

1. Suelte las rodillas y empuje los glúteos hacia atrás utilizando su cadera como bisagra, el pecho cayendo sobre las rodillas y hombros en línea con la barra.
2. A medida que desciende, flexione las rodillas y continúe empujando los glúteos hacia atrás (Figura 20-7 y 20-9).
3. Doble desde la cadera, no la cintura, ésto es bastante crítico.
4. Asegúrese que el movimiento sea correcto y reducirá la posibilidad de lesiones.

¡CUÍDESE!

- Tenga cuidado de no inclinarse hacia atrás cuando llegue a la posición inicial.
- Concéntrese en apretar los glúteos y mantener la espalda recta en todo momento.
- Controle la velocidad a medida que baja y que los pesos toquen el piso.
- Aunque al principio los haga sin peso, a medida que avance, puede agregar mancuernas y luego avanzar a una barra con peso para aumentar la dificultad del ejercicio.

FIGURA 20-7

FIGURA 20-8

FIGURA 20-9

FIGURA 20-10

EJERCICIO SENTADILLAS

El ejercicio de **Sentadillas** con barra es similar al peso muerto, ya que se trata de un ejercicio de cuerpo completo que se centra en las piernas, actuando sobre los tobillos, rodillas y cadera. Con todas las articulaciones involucradas, este ejercicio es clave para el rendimiento superior y la prevención de lesiones en un marchista.

Este y el **Peso Muerto** con barra son los dos ejercicios que desarrollan la mayor fuerza y potencia para un marchista.

POSICIÓN DEL CUERPO

Si bien la posición de los pies puede variar según el estilo personal, comience con los pies separados al ancho de los hombros y apuntando hacia adelante o un poco hacia afuera.

PASOS

1. Coloque sus manos en la barra aproximadamente sobre la flexión de su codo.
2. Mientras mantiene sus muñecas rectas, apoye la barra sobre sus hombros, no sobre su columna vertebral (Figura 20-12 y 20-14).
3. Flexione desde la cadera, no la cintura, asegúrese que el movimiento sea correcto y reducirá las posibilidades de lesiones. La espalda debe estar recta en todo momento.
4. Baje el cuerpo hasta que sus muslos queden paralelos al piso (Figuras 20-11 y 20-13).
5. Llegue a una posición como si estuviera sentado en una silla, y luego regrese a la posición vertical.

¡CUÍDESE!

- No baje el torso por debajo de las rodillas.
- Asegúrese de que sus talones estén siempre en el suelo, con el peso del cuerpo sobre ellos.
- Mantenga sus muñecas rectas.
- Aunque al principio lo haga sin peso, a medida que avance, puede agregar mancuernas y luego avanzar a una barra con pesas para incrementar la dificultad del ejercicio.

FIGURA 20-11

FIGURA 20-12

FIGURA 20-13

FIGURA 20-14

EJERCICIO
SENTADILLA BÚLGARA

Al igual que el ejercicio de *Sentadillas* con barra, el ejercicio de *Sentadilla Búlgara* trabaja las articulaciones de cadera, rodilla y tobillo; sin embargo, al ser un ejercicio de una sola pierna, aporta estabilidad de la cadera manera similar a las necesarias en un marchista para el golpe de talón.

POSICIÓN DEL CUERPO

Párese con una pierna delante de su cuerpo, con la rodilla directamente sobre el tobillo, y su pie trasero apoyado sobre un banco o silla (Figuras 20-16 y 20-18).

PASOS

1. Baje su cuerpo flexionando la rodilla delantera hasta un ángulo de 90 grados (Figuras 20-15 y 20-17).
2. Mantenga la parte superior del cuerpo erguida con una pelvis neutra durante todo el movimiento.

¡CUÍDESE!

Se debe empezar sin peso, y a medida que avance, puede agregar pesas o un balón medicinal para aumentar la dificultad del ejercicio.

FIGURA 20-15 FIGURA 20-16

FIGURA 20-17 FIGURA 20-18

EJERCICIO
PESO MUERTO A UNA PIERNA

El **Peso Muerto a una Pierna** enfatiza la cadena posterior. Sin embargo, al ser un ejercicio de una sola pierna, aporta estabilidad de manera similar a las necesarias en un marchista para el golpe de talón. Esta es una versión más avanzada del **Peso Muerto** que desarrolla los isquiotibiales.

POSICIÓN DEL CUERPO

Parado con su peso sobre una pierna ligeramente doblada (Figuras 20-20 y 20-22).

PASOS

1. Inclínese hacia adelante desde la cadera, no la cintura, manteniendo la espalda recta durante todo el ejercicio.
2. A medida que se inclina hacia adelante, suba su pierna libre manteniéndola recta.
3. Continúe inclinándose hacia adelante hasta que el cuerpo y la pierna libre estén paralelos al suelo (Figuras 20-19 y 20-21). Haga una pausa por un segundo en esta posición y vuelva a la posición inicial.

¡CUÍDESE!

- Es posible que necesite tener una silla, banco o poste fijo frente a usted para mantener el equilibrio.
- Se debe empezar a realizar este ejercicio sin peso. Y a medida que avance, se agrega mancuernas.

FIGURA 20-19

FIGURA 20-20

FIGURA 20-21

FIGURA 20-22

EJERCICIO
SUBIDAS AL BANCO CON MANCUERNAS

Las **Subidas al Banco con Mancuernas** ayuda a que los tobillos, las rodillas y la cadera trabajen todos los rangos de movimientos. Sin embargo, trae el desafío de la estabilidad articular porque se realiza sobre una sola pierna. Esto es crucial para un marchista.

POSICIÓN DEL CUERPO

Las **Subidas al Banco con Mancuernas** se puede realizar sobre un escalón, silla, banco u otra plataforma segura, con diferentes alturas.

PASOS

1. Suba sobre el banco son una sola pierna, y levante su cuerpo para que su pierna de apoyo esté completamente estirada (Figuras 20-24 y 20-26).
2. Luego baje del banco al suelo (Figuras 20-23 y 20-25).
3. Repita con la misma pierna por tantas repeticiones como desee y luego cambie de pierna.

¡CUÍDESE!

- Principiantes deben empezar sin peso.
- A medida que vaya avanzando, puede agregar mancuernas.

FIGURA 20-23

FIGURA 20-24

FIGURA 20-25

FIGURA 20-26

EJERCICIO
BALANCEO DEL PESO RUSO

El **Balanceo del Peso Ruso** es la bisagra de la cadera, o la primera parte del ejercicio **Peso Muerto**. Sin embargo, se hace de manera explosiva para desarrollar potencia.

POSICIÓN DEL CUERPO

Parado con los pies un poco más separados que el ancho de sus hombros y mantenga sus codos rectos.

PASOS

1. Sujete el peso ruso con ambas manos.
2. Comience balanceando el peso ruso hacia atrás a través de sus piernas para ganar algo de impulso, llegando no más abajo de la posición de sentadilla (Figuras 20-27 y 20-29).
3. Luego, columpie el peso ruso hacia arriba, impulsándose desde su cadera mientras se levanta, levantando el peso hasta la altura de los hombros (Figuras 20-28 y 20-39), con brazos extendidos y espalda recta.
4. Cuando baje el peso, deje que la gravedad sea su amigo y permítase ayudar.

¡CUÍDESE!

- Tenga cuidado de no terminar el ejercicio deteniéndo el movimiento a media oscilación. Deje que el peso ruso baje y colóquelo con cuidado en el suelo.
- **Este ejercicio requiere que haya dominado el Peso Muerto, ya que es crucial en su desempeño.**

FIGURA 20-27

FIGURA 20-28

FIGURA 20-29

FIGURA 20-30

EJERCICIO
ZANCADA CAMINANDO CON MANCUERNAS

El ejercicio **Zancada Caminando con Mancuernas** es una versión más avanzada de una sentadilla búlgara, que agrega movimiento al aumentar la exigencia de estabilidad sobre sus articulaciones.

POSICIÓN DEL CUERPO

Comience desde una posición vertical, de pié.

PASOS

1. Avance con una pierna (Figura 20-31), aterrizando en el talón, no en el antepié.
2. Una vez que esté en esta posición, mientras mantiene su cuerpo erguido, flexione la pierna en la rodilla (Figura 20-32).
3. Luego, baje su cuerpo desde la cadera hasta que la rodilla trasera casi toque el suelo (Figura 20-33).
4. Es importante que su paso hacia adelante sea lo suficientemente amplio como para que la rodilla delantera permanezca sobre el tobillo.
5. Levántese gradualmente y repita esta acción en la otra pierna.

¡CUÍDESE!

- Dominar estos movimientos es crucial antes de intentar agregarles peso.
- Se puede comenzar con un ejercicio de zancada fijo antes de pasar al ejercicio de caminar.

FIGURA 20-31

FIGURA 20-32

FIGURA 20-33

EJERCICIO
LIGA COLATERAL

El ejercicio de *Liga Colateral* es una versión avanzada del *Ejercicio de Prensa* con una rotación adicional que aumenta la carga de trabajo de sus abdominales estabilizando su posición neutral y así mantener una postura correcta para marchar.

POSICIÓN DEL CUERPO

De pié, con los pies un poco más separados que el ancho de sus hombros.

PASOS

1. Tome el mango del cable a la altura del pecho (Figuras 20-34 y 20-36).
2. Comience con el peso en la pierna interior y, mientras mantiene la espalda recta, gire hacia afuera y jale el cable a través de su cuerpo en un movimiento horizontal. Mientras lo hace, gire sobre el pie interior y cambie el peso hacia el pie exterior. Permita que su cabeza siga el movimiento de su cuerpo para que esté constantemente mirando sus manos (Figuras 20-35 y 20-37).
3. Repita en un lado tantas veces como lo desee y luego cambie de lado.

¡CUÍDESE!

- El torso y los brazos hacen el movimiento, pero tenga cuidado de no guiarlos inclinándose en la dirección en que está girando.
- Tenga cuidado de no balancearse hacia atrás.

FIGURA 20-34

FIGURA 20-35

FIGURA 20-36

FIGURA 20-37

EJERCICIO
LIGA FRONTAL

El Ejercicio de *Liga Frontal* es un ejercicio de estabilidad del abdomen que integra una columna vertebral y una pelvis neutras al tiempo que le obliga a estabilizar el abdomen, así como también los tobillos, las rodillas y la cadera. Esto le enseña a su abdomen y pelvis a mantenerse en posición neutral, necesarios para la marcha.

POSICIÓN DEL CUERPO

Parado con los pies separados al ancho de sus hombros, de manera lateral a la máquina.

PASOS

1. Agarre el asa del cable a la altura de los hombros, con la mano cerca de la máquina.
2. La pierna del mismo lado se lleva hacia atrás, haciendo equilibrio, y apoye su peso sobre la pierna delante de usted (Figuras 20-38 y 20-40).
3. A un mismo tiempo, avance llevando la pierna trasera hacia adelante con el brazo correspondiente. Al final del golpe, su brazo debe estar completamente extendido (Figuras 20-39 y 20-41).
4. Retroceda a la posición anterior (Figuras 20-38 y 20-40).
5. Repita con un brazo, como tantas veces desee realizar y luego cambie de lado.

¡CUÍDESE!

Mantenga siempre la espalda recta y la pelvis neutra durante todo el ejercicio.

EJERCICIO
TURCO DE ELEVACIÓN 1

El Ejercicio **Turco de Elevación 1** es un ejercicio básico que no activa los flexores de la cadera y lo obliga a realizar una extensión toráxica h que ayuda a corregir una postura inadecuada de hombro hacia adelante, común en muchos atletas de resistencia.

POSICIÓN DEL CUERPO

Acostado en el piso con su pierna derecha estirada, y su rodilla izquierda doblada en un ángulo de 90 grados.

PASOS

1. Estire el brazo izquierdo hacia arriba, manteniendo la espalda contra el piso (Figura 20-42).
2. Trate de alcanzar el techo, girando el torso y usando su brazo derecho como apoyo, doblado a unos 90 grados, soportando su peso (Figura 20-43).
3. Baje lentamente el torso, pero mantenga el brazo hacia arriba y estirado (Figura 20-42).
4. Repita en un lado por tantas repeticiones desee realizar y luego cambie de lado.

FIGURA 20-42

FIGURA 20-43

MARCHISTAS EN ACCIÓN

JUEGOS OLÍMPICOS 2008, BEIJING, CHINA, 20KM

EJERCICIO
TURCO DE ELEVACIÓN 2

El ejercicio **Turco de Elevación 2** es una variación del ejercicio anterior, **Turco de Elevación 1**.

POSICIÓN DEL CUERPO

Acostado en el suelo con las dos piernas extendidas, mantenga las rodillas ligeramente flexionadas y estire los brazos de manera perpendicular al suelo (Figura 20-44).

PASOS

1. Con los dos brazos extendidos, levántese tratando de alcanzar el techo hasta que su torso esté en posición vertical y sus brazos estén directamente en línea con su torso (Figura 20-45).
2. Regresa lentamente al piso y repita.

FIGURA 20-44

FIGURA 20-45

Jueces

Se puede escribir un libro entero sobre cómo se juzga la marcha olímpica. Sin embargo, como atleta, usted debe conocer las prácticas que debe seguir un juez mientras le observa. Si ve que un juez viola estas prácticas, es mejor no discutirlo mientras compite, pero puede discernirlo después con cortesía.

Un juez de marcha evalúa la legalidad de un marchista durante la competencia en base a dos partes de la definición de la marcha olímpica: pérdida de contacto y flexión de rodilla.

Al determinar si un marchista no ha mantenido contacto con el suelo, un juez solo debe mirar los pies del atleta y no ser influenciado por las manos, la cabeza, las rodillas u otras partes del cuerpo.

Un juez también presta atención a que si la pierna que avanza se endereza desde el primer contacto con el suelo hasta la posición vertical.

Un juez no debe determinar la legalidad de un marchista por delante o por detrás del atleta (Figura 21-1). En cambio, un juez debe hacer observaciones cuando los atletas se aproximan al campo de visión del juez, desde los 45 grados a medida que avanzan hacia el juez hasta 15 grados más allá del juez (Figura 21-2).

Sin embargo, los ángulos no son suficiente, cuando un juez está demasiado cerca de los marchistas es muy difícil obtener una visión precisa de su técnica. En su lugar, un juez debe estar a 20 o 30 pies de distancia (6-9 metros) de los atletas que se aproximan. Es muy difícil juzgar la legalidad de un marchista cuando están a solo 5 pies de distancia (1.5 metros) (Figura 21-3). Si se juzga desde un ángulo adecuado, pero no a una distancia adecuada, eso le da menos de 4 pasos

para determinar la legalidad del atleta. La situación es aún más difícil si tiene varios atletas que evaluar al mismo tiempo (Figura 21-4). A 10 pies de distancia, tiene 5-6 pasos para juzgar (Figura 21-5). En contraste, cuando juzga desde al menos 20 pies de distancia (3 metros), tendrá 10 pasos del marchista para determinar su legalidad (Figura 21-6).

Los jueces tampoco deben seguir a un marchista a medida que pasan (Figura 21-7). Los jueces actúan de manera independiente y no deben comunicar sus observaciones durante el evento (Figura 21-8). Un juez nunca debería necesitar gatear en el suelo o esconderse detrás de un árbol u otro obstáculo (Figura 21-9). Si un juez cree que un atleta está en peligro de violar cualquiera de las partes de la definición de la marcha, debería mostrarle una paleta amarilla con el símbolo adecuado de la posible violación: pérdida de contacto (Figura 21-10) o flexión de rodilla (Figura 21-11).

Cada juez puede mostrar, solo, una paleta amarilla por cada tipo de infracción a un mismo atleta. Sin embargo, si un juez cree que usted está definitivamente violando la definición de la marcha, le sacará una tarjeta roja que actuará como propuesta de descalificación. Un juez solo puede presentar una propuesta de descalificación por atleta. Esta acción no se le informa al atleta. En su lugar, el atleta debe echar un vistazo hacia el tablero de descalificación (similar al que se muestra en la Figura 21-13) y ver cuántas tarjetas lleva su número de competencia. Además, un atleta generalmente puede solicitar ver las observaciones de los jueces al finalizar la competencia.

Normalmente, se requieren tres tarjetas rojas de tres jueces diferentes para la descalificación de un atleta. En algunas competencias se emplea una fosa de sanciones en la que detienen al atleta por unos minutos y luego lo dejan continuar hasta una cuarta propuesta de descalificación. También, durante competiciones internacionales, el juez principal puede descalificar a un marchista con una sola llamada si el atleta rompe evidentemente la definición de la marcha en los últimos 100 metros de la competencia. El juez principal le mostrará al atleta la paleta roja (Figura 21-12) para informarle que ha sido descalificado.

FIGURA 21-10
PÉRDIDA DE CONTACTO

FIGURA 21-11
FLEXIÓN DE RODILLA

FIGURA 21-12
DESCALIFICACIÓN

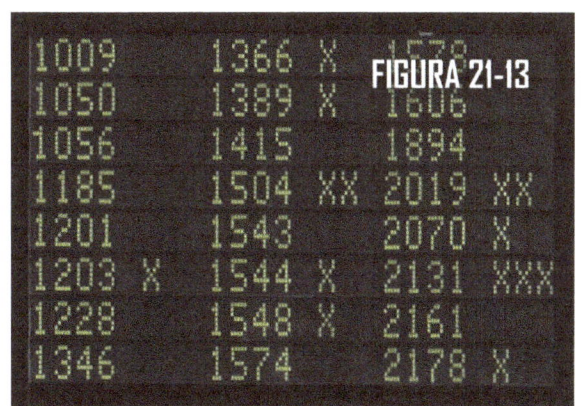

Selección de Zapatos

La marcha tiene sus ventajas y desventajas, ya que el único equipo que necesita es un buen par de zapatos. El problema es que, normalmente existe poca variedad de zapatos diseñados específicamente para la marcha. Eche un vistazo al closet de un marchista y encontrará un montón de zapatos. Algunos estarán muy desgastados y están ahí porque su modelo preferido de zapatos ha sido descontinuado. Mientras que otros están en condiciones impecables, porque simplemente no eran los adecuados para marchar. La búsqueda del zapato perfecto es un desafío persistente para los marchistas. La respuesta es simple en teoría, pero difícil de implementar. La mayoría de los marchistas recurren a buscar zapatos de carreras de larga distancia, que tienen las siguientes características.

Un Talón Bajo

Los marchistas golpean el suelo con un impacto significativamente menor y, por lo tanto, no necesitan el nivel de amortiguación que se encuentran en la mayoría de los zapatos tradicionales de carrera. Observe la diferencia entre los talones de un zapato diseñado específicamente para marchar y el de un zapato para correr centrado en el soporte (Figura 22-1).

Sin embargo, se debe tener cuidado al seleccionar un zapato con un talón bajo. Si el talón es demasiado acolchado, podría colapsarse bajo el golpe del talón como se muestra en la Figura 22-3. Incluso el zapato en la Figura 22-2 comprime más de lo deseable, aunque no es tan malo como el zapato en la Figura 22-3.

FIGURA 22-1

FIGURA 22-2

FIGURA 22-3

Flexión Adecuada de la Suela

La suela del zapato debe ser flexible en los lugares correctos. La flexibilidad hacia la punta del zapato (Figura 22-4) es deseable para facilitar un empuje más fuerte. La falta de rigidez bajo el arco del zapato es malo. Hace que el zapato se derrumbe a la mitad del pie (Figura 22-5), lo que hace que el músculo de los isquiotibiales se alargue de una manera que provoque lesiones.

Espacio Amplio para los Dedos

La punta del zapato debe tener espacio suficiente para que el pie se extienda cómodamente (Figura 22-6). Esto reduce las posibilidades de lesiones, como el desarrollar uñas negras, y también facilita un empuje más sustancial.

FIGURA 22-4

FIGURA 22-5

FIGURA 22-6

Soporte Estable del Talón

Un zapato con un soporte de talón resistente o una copa integrada para talón es deseable, pero puede ser la característica más difícil de encontrar en un zapato. Con el constante apoyo del talón, un marchista debe buscar más rigidez donde lo necesita (Figura 22-7).

Tenga cuidado con los zapatos donde el talón simplemente colapsa bajo presión (Figura 22-8).

FIGURA 22-7

FIGURA 22-8

Suela del Zapato

Cuando el pie de un marchista golpea el suelo, cae sobre la esquina exterior del talón (Figura 22-9). A medida que avanza la zancada, el movimiento del pie se desplaza hacia el dedo gordo. El grado en que el pie se mueve hacia adentro indica el grado de pronación en el paso del atleta.

Los marchistas con una pronación bastante hacia dentro requieren de un zapato con suela recta.

Los marchistas que no tienen una pronación hacia dentro, aquellos que supinan, cuando el hueso del tobillo gira hacia el exterior, requieren de un zapato con suela durada.

Si tiene la suerte de tener una pronación normal, seleccione un zapato con suela semi-curvado. Sin embargo, encontrar un zapato con la suela adecuada (Figura 22-10) puede ser difícil. Es mejor pedir ayuda a un profesional.

FIGURA 22-9

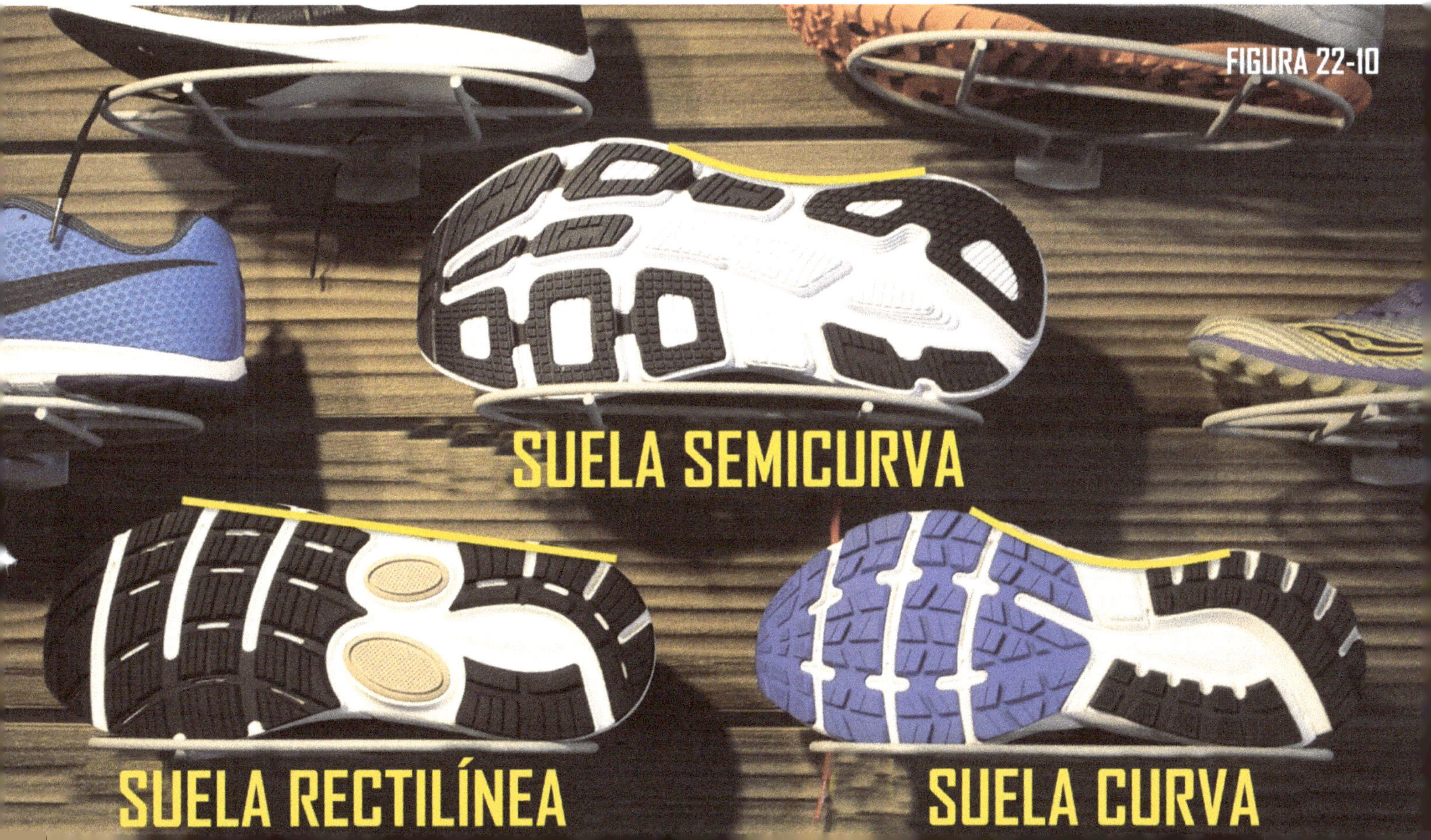

FIGURA 22-10

SUELA SEMICURVA

SUELA RECTILÍNEA

SUELA CURVA

FIGURA 22-11

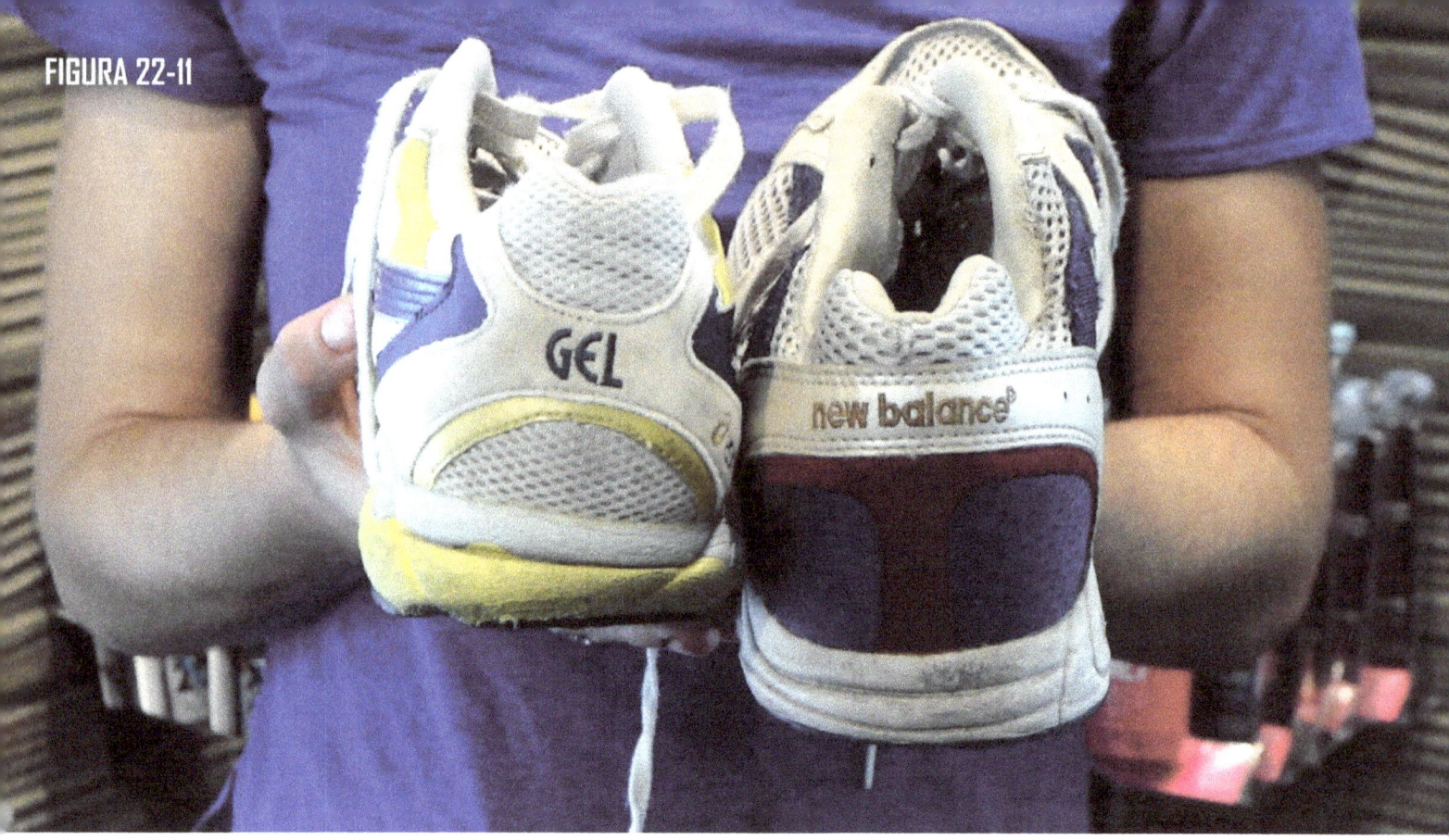

Adicionalmente, el soporte del talón debe proporcionar suficiente espacio para su tendón de Aquiles. Debería tener una hendidura para que le entalle cómodamente, como se muestra en la Figura 22-11.

¿Dónde Comprar?

Entonces, ¿cómo decidir qué zapato es el correcto? Recomendamos que vaya a tiendas que:

- se especialicen en zapatos para correr
- son operados por individuos con mentalidad atlética
- proveen el servicio de que lo vean caminar/correr para ayudarle a determinar los mejores zapatos para usted

Debe saber que todas las tiendas de zapatos para correr no estarán familiarizadas con las necesidades de un marchista, pero usted puede satisfacer sus necesidades con estas características, que le entalle adecuadamente y que le aseguren de que usted tenga la mejor opción de zapato disponible.

Reemplazo de Zapatos

Una nota final, no use sus zapatos por demasiado tiempo. Observe los zapatos de los atletas olímpicos Tim Seaman y Miranda Melville (Figura 22-12). Ambos están excesivamente desgastados. Cuando los zapatos tienen orificios y la suela excesivamente desgastada, queda claro que deben ser reemplazados. Sin embargo, es posible que los zapatos deban reemplazarse antes. Si el zapato se deforma hacia un lado o está comprimido de manera desigual, ya es hora de dejar de usarlos. Recuerde, el costo de unos zapatos nuevos es insignificante en comparación al costo de una lesión.

FIGURA 22-12

Epílogo

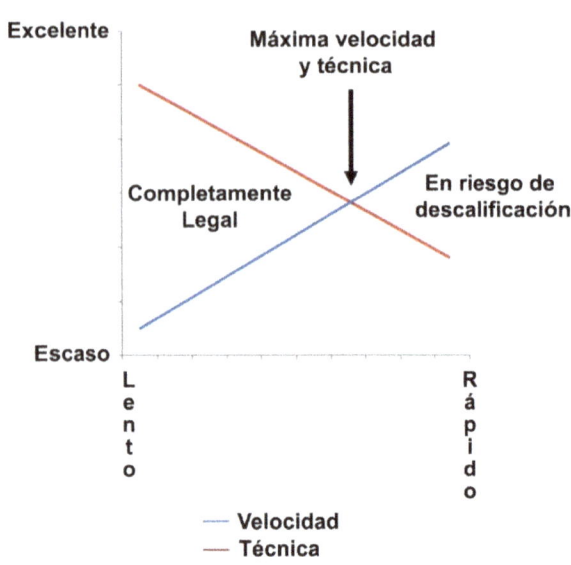

Finalizamos la Revolución de la Marcha Olímpica con un gráfico simple que ilustra cómo equilibrar la velocidad con la técnica. Si marcha demasiado rápido, su técnica sufre y su riesgo de descalificación se eleva. Por el contrario, si se concentra demasiado en la técnica de los libros, la velocidad disminuye naturalmente y su rendimiento se ve afectado. Se trata de conseguir un equilibrio. Equilibre su entrenamiento, el trabajo técnico y la recuperación y su rendimiento mejorará.

La marcha olímpica requiere de un esfuerzo increíble para competir con éxito. El esfuerzo viene en muchas formas, incluyendo una combinación única de trabajo físico y mental. La gente a menudo pregunta si es difícil marchar. Si el tiempo es una medida, la marcha gana sin lugar a dudas. Es la competencia más larga en los Juegos Olímpicos. Una carrera de 50 km dura un poco más de 3 horas 32 minutos, en lugar de correr una maratón que dura poco menos de 2 horas 2 minutos. Por lo tanto, los marchistas ejecutan un esfuerzo significativamente más largo que sus contrapartes del atletismo. Si por el contrario, toma el ritmo cardíaco como medida, la marcha es bastante difícil. Un marchista élite masculino completa un recorrido de 20 kilómetros en menos de 1 hora 20 minutos con una frecuencia cardíaca de entre 180 y 190 pulsaciones por minuto (ppm). En los 50 km, los mejores del mundo llevan una frecuencia cardíaca promedio entre 160 y 170 ppm. Puede parecer alto, pero no es nada en comparación con lo que se puede lograr en entrenamientos. Un marchista élite joven puede alcanzar hasta 220 ppm. La marcha hace que el corazón lata al igual que lo hace la carrera, pero sin el excesivo impacto en el cuerpo. La marcha también es más difícil si se mide la dificultad por las calorías quemadas. Dado que la marcha es menos eficiente que correr, significa que los marchistas queman más calorías por milla que los corredores. Finalmente, si mide la dificultad por la concentración, tanto los corredores como los marchistas llevan sus cuerpos al límite, pero los corredores no tienen que preocuparse por ser descalificados por tener una mala forma. Los marchistas, por otro lado, son vigilados constantemente, especialmente cuando están empujando con más fuerza.

Teniendo en cuenta estas consideraciones, el esfuerzo total de la marcha es posiblemente mayor que el de correr. Esta dedicación física requiere de esfuerzo, una palabra simple con múltiples significados. Para hacerse más fuerte, el esfuerzo se aplica en forma de entrenamiento. Para marchar más rápido, el esfuerzo se aplica en forma de actividad física. Para mejorar la técnica, el esfuerzo se aplica en forma de práctica, ejercicios de recuperación, concentración y, bueno, más práctica. Cuando empezábamos a marchar, pensábamos erróneamente que a medida que nos acostumbrábamos y llegábamos a una mejor forma, la marcha se haría más fácil. No podríamos haber estado más equivocados. A medida que entrenamos más, nuestro motor se hace más grande aumentando así el esfuerzo necesario. ¿Recuerda cuando recién empezaba a marchar?

¿Recuerda que sus piernas quedaban doloridas, pero sus pulmones no estaban cansados? También recordamos haber pensado que si nos volviéramos más fuertes, podríamos bajar de tiempos más rápidos con menos esfuerzo. Pensando en, como si alguien encendiera un interruptor y nuestras piernas se sintieran mejor y nuestros pulmones con aliento. No está solo. Cuando esté cansado y listo para rendirse ante el demonio de la fatiga, robándole lo mejor de usted, recuerde que los atletas élites experimentan la misma incomodidad. Como Gary Westerfield dijo una vez: "Nada duele más que una mala carrera". Tiene razón. El dolor del esfuerzo desaparece poco después de que usted se detiene. El dolor de la decepción debido a la falta de esfuerzo puede durar toda la vida.

¿Quiere Seguir Aprendiendo Más?

Visite www.racewalk.com para obtener una gran cantidad de información gratuita sobre la marcha o para comprar nuestros otros productos, incluidos los siguientes: El Video de la Revolución de la Marcha Olímpica (juego de DVD de 3 discos o transmisión online) es un conjunto de videos que cubren la técnica básica de la marcha, selección de calzado adecuado, entrenamiento de fuerza, consejos remediadores extensos y más. Durante más de dos horas y veinte minutos, es la instrucción de video más completa disponible en cualquier lugar. Literalmente, el video le da vida a este libro y, con la excepción de una de nuestras clínicas, es la mejor manera de aprender a marchar. Ya sea que esté aprendiendo a marchar para maximizar su entrenamiento, deseando convertirse en un marchista élite, o buscar afinar su técnica para reducir minutos de su tiempo, el video de la Revolución de la Marcha Olímpica es perfecto para ayudarlo a alcanzar sus metas. Disponible en www.racewalk.com.

Marche Más Rápido por Training Smarter es para los innumerables entrenadores que dicen que no saben cómo entrenar la marcha, y para todos los atletas interesados en entrenar para nuestros eventos. Las necesidades de los atletas juveniles, de escuela secundaria, de universidad, de élite y veteranos varían según la fisiología y fechas de competencias, y una metodología no puede cubrir todas estas complejidades. Marche Más Rápido by Training Smarter es un libro completo dedicado a entrenamientos. Presentamos información precisa para que un marchista pueda entrenar a cualquier nivel, sin ningún conocimiento previo relacionado con el entrenamiento de resistencia. Los conceptos no son difíciles de aprender. Los entrenadores de corredores de distancia encontrarán muchos de los conceptos familiares, y no es sorprendente, ya que la marcha es un evento de resistencia dentro del deporte de atletismo. Los principios detrás del entrenamiento de un marchista no son muy diferentes a los de un corredor de distancia. Claro, los marchistas tardan más en completar la misma distancia, pero se aplican conceptos como la periodización, la recuperación adecuada y el punto máximo. Disponible en amazon.com.

Todos sabemos que debemos mantener un registro de entrenamiento. Le permite realizar un seguimiento de sus éxitos y, lo que es más importante, aprender de sus errores. Algunos de nosotros escribimos nuestros entrenamientos de una manera inconsistente, mientras que muchos de nosotros lo vemos como una nueva temporada sin mantener un mejor seguimiento de nuestros entrenamientos. Ahora con Revolución de la Marcha Olímpica, un registro de entrenamiento, tiene un sistema simple basado en plantillas para registrar todos los detalles pertinentes de su entrenamiento y, con suerte, estar inspirado en el camino.

Nuestro registro de entrenamiento se basa en los registros personales de entrenamiento del Olímpico Tim Seaman. Es un registro que ha perfeccionado a lo largo de su carrera atlética que incluye 47 títulos nacionales en Estados Unidos. El registro de entrenamiento contiene espacio para que usted grabe entrenamientos los 7 días de la semana durante las 52 semanas del año. Hay espacio adicional que le permite registrar muchos aspectos específicos de su entrenamiento diario, así como también un área para notas más generales día a día. Cada semana contiene un área adicional para notas y se incluyen fotografías a todo color de marchistas élite para inspirarle. Al final del registro, incluimos espacio para llevar registro del kilometraje total mensualmente, resultados de competencias y progresión de sus récords personales (PR). Así que, dé un paso en los zapatos de un campeón y comience su progresión hacia un programa de marcha más exitoso obteniendo su registro de entrenamiento hoy. Disponible en www.racewalk.com.

La Fundación de Marcha de los Estados Unidos (USARWF), fue establecida por Elaine P. Ward en 1992. Es una organización benéfica sin fines de lucro, y exenta de impuestos, dedicada a asistir atletas universitarios y atletas jóvenes élites en su búsqueda de protagonismo nacional e internacional en la marcha.

Los fondos de USARWF se generan únicamente a través de donaciones deducibles de impuestos de individuos, comunidades, corporaciones, fondos, fundaciones y demás entidades cuyo objetivo común es ayudar en el desarrollo de un fuerte grupo de atletas élites juveniles y adultos que entrenan para competencias nacionales de Estados Unidos, pruebas olímpicas y juegos olímpicos.

USARWF contribuyó decisivamente a la financiación del Centro de Entrenamiento Olímpico ARCO para marchistas en Chula Vista, California, en la década de 1990, incluyendo el subsidio del salario para el entrenador de marcha y los gastos de entrenamiento y viajes de algunos de los atletas clasificados a los Juegos Olímpicos de Sydney. Nosotros continuamos prestando ayuda a prácticamente todos los atletas olímpicos desde Sydney, así como también apoyando financieramente a marchistas élites desde categoría menor a adultos.

Para obtener más información o hacer donaciones, visite www.usaracewalking.org.

www.ingramcontent.com/pod-product-compliance
Lightning Source LLC
Chambersburg PA
CBHW051549220426
43671CB00024B/2987